あなたがいるから生きられる

小さなお寺の法話集

JN183785

山本 英照

イースト・プレス

はじめに

あなたのまわりには、いつでも素敵な「ご縁」と「絆」が待っとります。

平成二十四年三月に、縁あって私の法話をつづった本『重いけど生きられる』を、世に出していただきました。また同時に、ホームページを開き、拙文を載せてまいりました。そのころより、学校、病院、老人ホーム、教育委員会、倫理法人会など、さまざまな集まりでの講演に呼んでいただくことが多くなりました。そこで感じてまいったのは、畑は違っても結局人のすること、抱えている問題に大差はないなということです。

「君たちな、まちがっても将来『この子は勉強だけはできるんですが……』なんちゅう、情けない言い方をされる大人にだけはなっちゃいかんぞ。一流大学を出とろうと、自分の食い扶持《ぶち》も稼げない、家庭も養えないようではなんにもならんよ」

中学校や高校に講演に呼ばれたとき、必ず私は生徒さん方に、こう言っとります。こんなこと言われたことないものだから、生徒さん方はだいたい目を白黒させますな。

でも、最近の若い者はやる気がないとか、気力がないとか散々に言われておるのは、実は親がそんなふうに育てただけではないか、と私は思っとります。

講演会後の感想文等を拝見すると、いやいやどうして悲観する必要のない内容が、そこには書かれております。ある高校でお話しさせていただいた際には、三百六十人分の感想文がつまった、分厚い封筒が届きました。すべて目を通させていただきましたが、何も感じるものがなかったというような感想は、一つもありませんでした。人の心は押せば動くんです。押す力もろくに入れず「今の若い子には言っても通じない」なんて悟ったふりしていたら、いったい誰がまっとうに育ってくれますかいね。

子供は親の言うとおりには動きません。親のするとおりに動きます。身の回りの大人が互いに尊敬しあい、助け合って生きている姿を見て育った子は、ぐれようがありません。

親子の関係、夫婦の関係は、人間社会の最小単位。ここがどうも違ってきているというのは私が言うまでもなくほうぼうで語られていることですが、そこを、「最近は困ったことですな」ですませてしまっていいものでしょうか。特に夫婦関係においては、私は講演会のたびにご主人方に向かって「天からもらった最高のプレゼントは、わが女房ですよ。大事にしんさいや」と力説しております。家の要は夫婦ですからね。

人は一人では生きていけない。使い古された言葉ですが、私は本当にそう思います。それも、空気や日の光、そして誰かの心といった、目には見えない、しかとは感じられないものによって生かされている。そう思わない日はありません。

人と人とが心と心をつなぐこと。自分が自分がではなく、誰かのためになろうとする気持ち。それが人の世には絶対に必要なんですばい。そういう気持ち、もうちっとみなさんに持ってもらいたい。そしたらこの憂き世、どんだけ住みやすくなりまっしゃろな。

この本がそのために、多少なりともお役に立てればと、そういう思いだけで書かせていただきました。相変わらず北九州弁まるだしの荒い口調ですが、どうかひらにご容赦たまわり、最後までおつきあいのほど、よろしくお願い申し上げます。

あなたがいるから生きられる　小さなお寺の法話集　目次

二章　「折り合いをつける」ことが、あなたの心を楽にします。

三章　こだわることは悪くない。こだわるところを見直しませんか。

四章　わが子に親が残してやれるのは、なんじゃろな。

五章　出会いは運命、出会ってからは努力。

第一章

通じ合う心は、築き上げるもの。

本当の愛情とは、なんじゃろかいな

かれこれ十五年ほど前のことですが、私の知り合いに非常に個性的なご夫婦がおられましてな。その子育ての方法が今どきにしては珍しい、というよりも昔ながらとでも言いますかな。興味をひかれたので、ここで紹介させてもらいましょうかね。

父親はたいへん子煩悩な方なんですが、それなのにですたい、基本的に放任主義で、わが子を親の所有物としてはあつかわず、五歳を過ぎたあたりから一個の人格として対応をされておりました。人に迷惑をかけるなど、よほどのことがない限り、いたずらごとは見て見ぬふり、されど責任の所在はすべて子供たち本人、親は手を出さず。ところがただ一つ、「嘘《うそ》をつく」ことだけは、絶対に許さんという構えだったんですわ。

「どんな小さな嘘でも、嘘は、嘘」

これがこの方の信条。そうなったのはおそらく、この方の生い立ちの中に、嫌というほど嘘に悩まされた出来事があったんじゃないのかな、と勝手に推察をしております。

たしかに、嘘は必ずバレますもんな。隠しとおせるもんじゃありまっせんばい。人が動けば、先々必ず結果が出てきよりますからね。嘘を隠すためにまた嘘をつき続ければ、取り返しのつかない状況に陥ることは避けられません。それもですたい、嘘をつかれたまわりの人たちを全員巻き込んでの泥沼となっていきよりますからね。早めに嘘が露見すれば、小火《ぼや》程度で事がすむんですがな。

先日、このご夫婦の、二十五歳になる長男さんに会う機会がありましてね、お父さんの話になった時、苦笑いしながら、当時のことを話してくれよりました。

「実は七歳の時、父に怒られるのが怖くて、嘘をついたんですよ。父はわざわざ妹と弟を同じ部屋の端に座らせ、私に『覚悟して、歯をくいしばってアゴを引け』と言うんです。間髪入れずに頬を張られまして、部屋の反対側の端までふっ飛ばされましたよ。

叩《たた》かれたのは、後にも先にもその一発だけです。それから先はいっさい嘘をつくことは止めましたね。もちろん『叩かれる』という怖さもあったんですが、正直に話せばどんな大きな失敗でも受け入れ、解決のヒントを与えてくれましたからね、父は。

　妹と弟を横に座らせたのは、人ごとじゃないぞ、と知らしめたんでしょうね。その教訓があってか、彼らは一度も叩かれたことがありません。でも、そんなとこですかね。あとは何をやっても、望んでも、自分で責任が負えるんならと、好きにやらせてくれました」

「お母はんは止めたりしなかったんかい」

「母も父に同じです。でも、母は父より怖かったですよ。父よりも長い時間、子供と接しておりましたからね」

　その母親というお方は見た目はおっとりとされており、理不尽にキレまくる印象はかけらもありません。実際、非常にお優しいお方なのですが、それでも怒らせたら怖いそうで、ご主人が言っとられました。「そうなったら最後、私も近づくことができません」とね。

　で、その母親についても、この長男さんが大変面白いエピソードを話して聞かせてくれましてね。

「十歳の時、机の上を片付けろと注意をされて、何度目かの注意の時に不覚にも舌打ちをしてしまったんですよ。

その瞬間です。蹴りが飛んできて、頬を張り回されたと思ったら、机の上の教科書やノートなどを二階の部屋から次々に庭に放り投げられて、『拾ってこい』と。近くに父がいたので『助けてくれ』と目で合図を送ったんですが、『俺を巻き込むな』と目をそらすんですよね。どうやら父も母が怖いようで。

でも母は、自分の子供だけにそうするんじゃないんです。わが家はなぜか友達が大勢集まる家だったんですが、挨拶《あいさつ》もせずに出入りなどをしようもんなら、非常に厳しく注意をしておりました。ある日のことですが、何度注意をしても友人たちが靴を脱ぎっぱなしで家に入ってくるもんで、ついに友人たちの靴を集めて外へ持って出たかと思ったら、『拾ってこい』と庭にほたり投げよりました。それからというもの、靴を並べない友人は誰一人いませんでしたね。

よく母が言っておりました。玄関の靴の状態を見たら、その家の家庭環境がしっかりしておるかどうかが、一目でわかると」

もうひとつ、この父親に関しては面白い話があるんです。

このお方は非常にお忙しい人でして、子供さんの運動会や学芸会といった学校行事には、ほとんど顔を出せなかったそうですが、ただ一度だけ奥さんから、「どうしても今日だけは、授業参観に行って」と懇願されて、しぶしぶ会社を休んで参加をされたそうなんです。元来恥ずかしがりの性格から、廊下のほうから教室をのぞいておられたそうなんですが……ところがですたい。先生が授業をしておるのに、子供たちは席を離れてウロウロしてるし、後ろで参観している母親たちも、横向いてベラベラしゃべくりあってるし、要するに世間で言われている学級崩壊ですたい。

恥ずかしがり屋とはいえこのお方、そんな状況を見て黙っておれる性格じゃないもんで、廊下の窓を開けると、大声で怒鳴り上げたそうです。

「おい、こら！　おいちゃんな、こんな授業を見に来たわけじゃなかぞ！」

当然、ウロウロしていた生徒は席に戻るし、保護者はしゃべくるのを止めて、静かに授業が再開されたそうですばい。参観後、担任の先生からお礼の言葉をいただいたそうですが、その時にこの方は先生にこう注意をされたそうです。

「モンスターペアレンツだのといわれるもんは、弱い先生にしか食ってかからんもんです。

厳しい先生が出てきたら、とたんに下を向きますよ。今この国に充満しているいじめの風潮そのものです。もう少し信念を持ってがんばってください。親の顔色見るほうが大事か、この子たちの将来を考えて注意をするほうが大事か、答えははっきりしておりますよ」

奥さんはご主人のこうした気性をわかった上で、授業参観に送り込んだんでしょうな。やっぱり母ちゃん、女性という生き物はすごいですな。なんぼ偉そうにしていても、しょせんご主人は、母ちゃんの掌の上ですばい。カカア天下たらなんたらってやつですな。

江戸時代前期のころ、臨済宗《りんざいしゅう》に盤珪《ばんけい》という名僧がおらっしゃいました。その盤珪さんのものと伝わるエピソードなんですが、お寺の庭内に鹿が入り込むので、たびたび竹で追っ払っていた盤珪さん。その姿を見て檀家《だんか》さんが、なんでそんな無慈悲なことをするのかと問いかけると、

「ここで追っ払わなければ、鹿は人に慣れてきて、警戒せんようになる。そうなると、最後は悪い人間に捕まって殺されることとなるじゃろうが」

考えてみたらくさ、本当の愛情って、いったいなんなんだろうね。ひところ、連鎖反応

のように体罰の問題が取りざたされておりましたが、考えれば考えるほど、これは難しい問題ですな。

世に「子供叱るな来た道じゃ、年寄り嫌うな行く道じゃ」という教訓がありまっしゃろ。わが子を見ておると見事に、昔の自分と同じことをやってると感じませんか。そりゃそうでっしゃろ、親の血、肉、骨をもらって生まれてきた上に、その親に育てられたんですからね。似てくるのは当たり前ですばい。これもある意味「因縁」ですかな。

子育てで親が楽をしたら、その分だけ子が育ちませんな。勉強も、遊びも、投げかけてくる相談事も、親は真剣に子供と向き合わんとあかん。そう思いますばい。

お正月の風景に、先祖と子孫を想う気持ちありかな

みなさん方は「正月三が日」がなんのためにあるかを知っちょりますか。

一般に言われているのは、「新年を祝賀する期間」ですよね。それとは別にもう一つ、まあ簡単に言えばくさ、お盆といっしょですよ。

十二月のことを「師走《しわす》」って言うでしょ。あの「師」とはなんと、お坊さんのことを指しておるんですな。「お坊さんが走り回る」……なんのこっちゃ。それは「歳徳神《としとくじん》」が来らっしゃるからです。いわゆる「正月様」ですな。その正体は、それぞれの家の先祖の集合霊といわれております。

私たちは祖父母、父母までは、現実に対面しておりますんで、自分の先祖であるということは容易に理解できますが、それ以前の人、つまり大正、明治、江戸などなど……これ

はもう想像の世界ですわな。しかし、確かにおらっしゃったことはまちがいないですわね。何千、何万年もの昔から、一つの命をバトンタッチのようにつないできてくれたからこそ、今ここに私たちは存在できておるんですからな。日本人は昔から先祖を敬う民族だったそうです。だからこそ、遠い昔のご先祖を「歳神《としがみ》さん」として崇《あが》めてきたんでしょうな。

迎えるからには、「ここが、わが家だよ」と目印を立てんとあかん。それが「門松」ですばい。よく「前の年に身内が亡くなっていたら、門松を立ててはいけない」という声がありまっしゃろ。しかし、先祖の集合霊が歳神さんならですばい、新仏《あらぼとけ》さんもその集合霊の一員になっとるはずでっしゃろ。そういう習いがわからん世間の人が、「あの家見てんさいや。去年あそこは、親が亡くなってはるのに、祝いの門松を立てちょる」と陰口ばたたきんしゃる。しかし、他人がなんと言おうとその家の人が気にしないんなら、立ててあげたほうがいいと思うけどね。

もっとも、そういう言葉を世間の人に言わせて、その人に陰口をたたかせるという罪(口業《くごう》)を作らせたくないと思うんなら、控えてあげるという選択もありますわな。まあ、どっちにせよ理を知った上で行動するのとせんのとでは、意味が違うわね。

お正月についてもう一点。門松は何ゆえに「松竹梅」だと思いますか。飲食店さんなんかは、よく語呂合わせで言ってはりまっしゃろ。「待っ（松）たけ（竹）うめ（梅）かろうが」とね。しかし、この語呂の本意は、「辛抱《しんぼう》して待つだけ、実りあり」でしょうな。この厳しい時節においても、松も竹も青々として一年中その姿（心）を変えないですし、梅は冬に花をば咲かす。この凛《りん》とした姿を今年は貫きなさい、と私たちに示すがための「門松」ですばい。

先代（私の父）もとっくのとうに歳神さまの仲間入りしとりましょうが、実は正月の十四日はその父の誕生日でしてね、この日には決まって女房殿が毎年、父が大好きだった大福餅やケーキなどを仏壇にお供えしてくれるんですよね。

ケーキといえばですたい。私んとこは子供が小さいころは必ず、クリスマスパーティーを開いてやってたんですよね。「えっ、お寺で？」とよく驚かれますが、父も私も、「わが家は仏教徒じゃ」と言うて子供の夢まで奪うようなコテコテの信仰観は、まったく持ち合わせてなかったんでね。

今でもキリスト教の教会や神社の前を通りかかったら、手を合わせて頭を下げております。すると、いっしょにいる方に「お坊さんなのに、なんでですか」と、問われることがあります。そのとき私は「住んでいる同じマンションから人が出てきたら、たとえ知り合いじゃなくても、挨拶くらいはしませんか?」と答えちょります。

門松を立てて迎えたら、今度はお接待だよね。いわゆる、「おもてなし」ですばい。お椀に野菜を小さく切り刻んで、てんこ盛りにして、仏壇にお供えをします。年が明けたら、それを下げます。これを直会《なおらい》といいます。それをごった煮にし、餅をぶち込んだのが「お雑煮《ぞうに》」です。その時に使う箸が「柳箸《やなぎばし》」、通称「雑煮箸《ぞうにばし》」といわれるものですな。ほら、両側が細くなっている箸のことですよ。一方が私たちが食べる側、もう一方は……取り箸側じゃないですばい。ご先祖さんが食するためのものです。どうです、何かいいと思いませんか。このような先祖を敬う日本の風習って、ですな。

私が檀家さんたちによくお聞かせする、こんな話があります。自分ばっかり喉の渇きを癒すためにお茶を飲まんと、禅宗で言われる「喫茶去《きっさこ》」にならって、仏壇の先祖さんにも

「どうぞ、お茶を一服いかがですか」とお供えして下されや、とね。子供ちゃんや、お孫ちゃんがお菓子を買ってきたら、欲深く一人でバクバク食べさせんでくさ、「まず、じいちゃん、ばあちゃんに食べてもらわんかい」と、仏壇にお供えさせて下されや、とね。喫茶去とは、中国・唐の趙州禅師《じょうしゅうぜんじ》が、新参・古参や知己・初対面のへだてなく茶をふるまい、みな同じ仏道修行の身であることを示した故事でござんす。

　仏壇の中に先祖の霊魂がおるとか、おらんとか、そんなことはどうでもいいこと。その行為から子供たちの心の中に、「施す」という心が育っていくんですばい。この世から消えたら、後は知らん顔で、ええんですかな。わが身が九十歳になろうと、百歳になろうと、この世に生きている間は、親に受けた「恩」は、消えることはないですよ。

　そう考えてみると、仏壇がある家とない家との差は大きいですばい。手を合わせて頭を下げる対象物があるのと、ないのとはですな。

「もういくつ寝るとお正月……」という歌があるでしょ。あの歌詞の中に出てくる「凧あげ」はその昔、男の子の誕生を祝い、その無事な成長を願った儀式。「羽根つき」は、悪霊を祓う儀式だったそうですばい。遊びの中にも、わが子を思う「親心」が入ってたんですな。何か、親の心のありがたさが、身にしみ入りますな。

海外で過ごす年越しもいいけど、今一度、この国の「お正月」の意義を見つめなおしてみては、いかが。

お寺は仏さんを拝むためだけの場所じゃなかですよ

みなさんは、「鬼子母神《きしもじん》」といわれる神さんをご存じですかね。有名なところでは、東京都台東区下谷《したや》は入谷《いりや》の真源寺《しんげんじ》さんにおらっしゃる神さんは、「恐れ入谷の鬼子母神」の通り名で大変有名ですよね。言葉どおりおっそろしいお姿をされているということですが、私はまだ拝見したことがありません。

恐ろしいといえば、わが寺のお不動さんも負けず劣らずです。まあしかし、人間でもそうですが、おっとろしい顔をされている人が、とんでもなく優しい心を持っていることって意外に多いと思いませんか。見た目だけで判断しちゃだめですばいと、神仏がそのお姿で教えてくれてはるんでしょうかな。いわゆる、「人には添うてみよ、馬には乗ってみよ」ですな。

私どものお寺にも、平成十九年十二月に縁あって鬼子母神さんがお座りになられました。鬼子母神さんのお姿には、大きく分けて二つの形があります。一つは鬼神形、もう一つは天女形です。そのお姿によって働きが違うといわれておりますが、そりゃそうじゃないとお姿を変える意味がないからね。

よく檀家さんの子供ちゃんたちに聞かれることがあるんですよ。

「なんであんなにいっぱい形の違う仏さんがいるの」

ってね。子供ちゃんの「なんで、なんで」の疑問符は時に、惰性で流されている自分を見つめなおす、よいきっかけとなる場合が多々ありますよね。

思えば処方される薬なんかもそうですばい。あんな丸い粒、何から作られているかなんて見た目ではさっぱりわからんし、作っているところを見てもないのに、信じてバンバン飲んでるでしょ、説明書だけを頼りにね。考えたら怖いこったい。確かめることもせずに信じてやんなきゃならんこと、世間にはずいぶんあると思いませんか。

さて、神仏の種類が多い理由を、子供ちゃんたちにはこう話をしています。

「おじさんは、檀家さんから見たらお寺の住職でしょ。奥さんから見たら夫だわね。子供にとってはお父さんでしょ。おじさんの親から見たら子供になるよね。その立場によって当然役目は違ってくる。神仏の種類が多いのはそういうことだよ。君たちの事を願おうと思ったら、やっぱりお地蔵さんかな。病気を治してもらいたいと思ったらお薬師さんだよね。人間ってね、これはこれって決めてあげないと、真剣に心を向けて取り組まない人が相当に多いからなんだよ」

決めると言えばくさ。「船頭多くして、船、山に登る」も困るけど、いないのもまた、困るよな。この国も早く一枚岩にならんかいな。船頭を海に落とすことばかり考えてくさ。

鬼子母神の話に戻しましょう。このお方はお釈迦さん在世時に、実在された女性だと言われとります。本来の名は「訶梨帝母《かりていも》」と言って、なんと数百人もの子供がいたんだそうな。その子供たちを育てるためにゃ、体に栄養を取らなあきまへんやろ。それででくさ、他人の子供を殺して食べてたんだと。

これはおそらく方便でっせ。あくまでも逸話の範囲ですやろな。遠い昔から現代に至るまで、母親のわが子に対する愛情はそんなに差はないでしょうからね、その大小はあっても。誰しもがわが子が一番と考えまっしゃろ。そのわが子を守るためには、特に母親はなりふり構わず他人の子を蹴散らしますもんな。

八月は盂蘭盆月《うらぼんづき》ですが、この回向《えこう》の始まりで知られる釈尊十大弟子の一人、目連《もくれん》さんのお母さんがまさにこれだったそうですな。目連さんを溺愛しすぎて、他人の子を蹴散らしあげたあげくの果てに、欲深い人が落ちるといわれる餓鬼道《がきどう》へ一直線ですばい。いかな高僧のお母さんだからといって、「まあ、許そう」にはならんわね。自分がしでかしたことの罪は、自分で清算せにゃならんのが世の習い。

訶梨帝母はんもおそらくやり過ぎたんでしょう。それが誇大風評となって、殺して食べた、ということになったんじゃないのかな。しかし、お釈迦さんに諭されて改心ですばい。その結果、鬼の心を持った母親から、子供を守る守護神に変わったことにより、鬼子母神の「鬼」の字は、いつしか鬼の角が取れたということで、「田」の上部に付いている「ノ」が除かれて書かれるようになったということですばい。

鬼子母神さんの法要の際のお接待は、わが寺では「カレーライス」です。深い意味はありませんよ。鬼子母神さんはインドの神さんだからという、単なるこじつけです。「なんじゃ、そりゃ」って思ったでしょ。ところが参拝してきた子供ちゃんたちには、強烈な印象が思い出として残るんですわ、「お寺で、カレー!?」ってですな。この縁を利用して御礼報謝《おんれいほうしゃ》の意味を説いて聞かせるんです。土俵に上がらにゃ、相撲は取れまへんやろ。土俵に上がらせるための方便ですばい。

人は本当にありがたいと思ったら、電話やメールですませるような失礼なことはせんもんです。必ず足を運んで直に頭を下げますよね。そうしないということはですたい、心の底から感謝をしてないということですわな。

ところが残念なことに、たとえば赤ちゃんが授からない夫婦が、三日と空けずに鬼子母神さんに「願かけ」に来らっしゃる、それが授かったとたんにプッツリですばい。確かに、「願」をかけたから赤ちゃんが授かったという確証はないですよ。しかし、頼んだんでっしゃろ。神仏だから人間の勝手都合で参拝しても待っててくれはるけど、人にこんな態度をしてみなはれ、そのうち誰からも相手にしてもらえなくなりまっせ。

私もいろんなところで何度もくりかえし言っておりますが、オギャーと生まれて明日、自分勝手な三十歳が育ち上がることはありまっせん。鬼子母神の法要に限らず、お寺で行われている法要は基本、御礼報謝のお参りです。何より大事な感謝の心は、子供の時からしっかりと育《はぐく》んでいかんとですな。「鉄は熱いうちに打て、栴檀《せんだん》は双葉《ふたば》より芳《かんば》し」ですばい。いわゆる、情操教育ってやつです。みなさんも菩提寺《ぼだいじ》の行事を今一度、見直されてみてはいかがですかな。

まあ、とにかく子供を育てるということは容易なこっちゃない。親の所有物でないとは重々知りながらも、いつの間にやら親の主観を押しつけてますもんな。それがあまりに行き過ぎたら、最悪親子の断絶ですばい。この本にもある、わが娘の話（一九三ページご参照）を当寺のホームページに載せた際には、ほうぼうのお父さん方から共感をいただくとともに、娘の教育に使用させてもらいましたとのご連絡をいただきました。わが娘からは、「日本中に私の恥を公表してから」と怒られましたが、誰かのお役に立ったんならと、どうにかお許しをいただきました。

私たち坊主がやっておりますす布教といわれるものは、ある意味子育てに似たものがあります。自分の子供を育てていく上で、将来の見返りを求めてやっている親なんてほとんどいないでしょ。檀家さんや信者さんとのつながりとは別に、私に限らず、法話本を発行したり、ホームページに法話を載せておられるお坊さん方は、信者確保やお布施が目的ではありまっせんもんな。どこかで誰かのお役に立てればとの思いだけです。これもまた、布教ですばい。

自分だけ金持ちになれれば、自分だけ望みがかなえられればなんて思っても、国を形成しておるのは人間ですからな。自分勝手な人間がうじゃうじゃいる世界で、幸せな環境が形成されるはずがないですよね。その環境の中で私たちは生きていくわけですから。よほど信念がぶれない人以外は、いずれ朱に交われば赤くなります。考えましょう、今こそ環境づくりを。

「感謝せい」と言わずに感謝の心を育てる方法

「門前の小僧、習わぬ経を読む」という言葉を知ってまっしゃろ。実は私がそれです。わが寺は今でこそだいぶ見栄えも良くなりましたが、私が幼少のころはほんとに小さなボロボロのお寺でしてね。雨なんかが降った日にゃ、そりゃあなた、バケツを二十個ほど用意せにゃならんほど雨漏りがひどく、おまけにお寺と庫裏《くり》（自宅）との間にこれといった境界がなかったもんで、家族団欒《だんらん》なんていうプライベートはかけらもありませんでしたな。四六時中、檀家さんが唱えるお経の声が耳に入ってきておりましたもんでね、おかげで五歳のころには、別に覚えようと思ったわけでもないのに、般若心経が自然と暗記されておりました。みなさんも小学生のころ、先生から「本は声に出して読め」とよく言われていたでしょ。あれは、耳から入れたほうが記憶に残るからですばい。

ついでだから話しますが、プライベートがないというのは、良いか悪いかは別にしてくさ、自由奔放に育つ環境にもなるんですな。今より四十年も前の時代は現在のような医療環境も整ってないし、あふれかえるほど物があるわけでもない。そんな社会状況ですから、お寺にお参りに来られる方々は、それこそ真剣に病気全快や子授祈願などの「願かけ」をされておりましたな。まあ現在でも、人は人の力じゃどうにもならない状況に追い込まれれば、最後は眼に見えないものの力に救いを求めてきますがね。いわゆる、「困った時の神頼み」ですな。そんな寺に昔から決まり文句のように存在するのが悪ガキ小僧、すなわち私ですたい。

本堂外陣《げじん》の焼香台の前に、京都大原三千院の国宝、観音・勢至《せいし》両菩薩のように大和座りで構え、右手に木魚のバチを持ち、左の掌を上に向けて、その小僧が座りこみです。お察しのとおり、お参りに来られた方にお賽銭《さいせん》（お小遣い）の要求ですよ。その掌に十円お供えしなかったら、バチで信者さんの頭をはたいておったということです。あまり覚えてないけど、親父（先代）さんがそう言っとりました。「とんでもなかったな」と、あきれ顔でね。

中でも一番記憶に残っているのは、当時の僧侶さんが全員、その姿が目に入っただけでふるえあがっていた総代のばあ様とのやりとりです。何せそのばあ様、親の敵《かたき》んごと木魚をしばきながら、我を忘れて念仏を唱えてたんでね。

ある日のこと面白がって、後ろからこそっと近寄って、頭の上に三本線香を立ててやったんです。「いつ気付くかな」とね。昔のばあ様方は髪の毛を整えるために網をかぶってたんで、線香が立てやすかったんですよ。そんで線香が短くなって髪の毛が焼ける臭いがしたら、なんぼなんでも気付きますわな。「この悪ガキが、ろくな大人にならんぞ」と、よく木魚のバチ持って追いかけられたもんです。もう亡くなられて四十年近くになりますが、今一番驚いとるのはこのばあ様じゃないでしょうかね。「あの悪ガキ、なんと住職になっとるわい。あれに供養してもらうことになるとはの……」とね。

お寺の子供だからといって、四六時中手を合わせていたわけではありまっせんばい。特に先代は、まったく強要をしなかったですね。「住職になれ」とも一言も言いませんでしたな。なんと言いましょうか。「琵琶湖の鮎」とでも言いますかな。琵琶湖の鮎は、春になったら生まれた瀬に必ず戻ってくるそうですからね。豊臣家子飼いの大名、石田三成公が徳川家康公によって滋賀彦根の佐和山の城に隠居を命じられた時、嘆く淀君に、「必ず戻ってまいります」という意味合いでかけた言葉としても有名ですよね。

そうしてみるとですたい。情操教育というのは本当に大事だと思います。お寺の檀家さんでも、親が小さい時から少しでも菩提寺と触れ合いを持たせていた家の子は、やはり違いますばい。必死に生活に追われている若い間は足が遠のいておりますが、時期がきたら必ず足を向けるようになってまいります。七十歳、八十歳になってもまったくご先祖に心を向けない人というのは、そういう環境で育てられてなかったんでしょうな。……水の流れは必ず、上から下でっせ。

何度でも言いますが、先祖の供養は信仰じゃありまっせんばい。命を流してくれた人に感謝の心を向けるのは当たり前のことです。その感謝の心を形として表したのが葬式や、追善供養《ついぜんくよう》といわれるものです。何よりも子孫に流しておかにゃならん「感謝の心」ですな。

最近は前にも増して、「法話をしてください」と、大小さまざまな寄り合い団体に頼まれることが多くなってまいりました。それも、異口同音にて言われることは、「この国がこんなふうになったのは、命の根である先祖に心を向けなくなってからです」と。「『こんなふう』って、どんなふうじゃ」ですかい。簡単に親や子を殺す、捨てる。誰でもいいから殺《や》る。まるで「鬼畜」（六道のうち、餓鬼、畜生の二道のこと）のごとき、人道を外れた世の中のことです。

第二次世界大戦が終わってしばらくすると、とんでもない政治家が頭角を現してきました。歴代総理の中でも特に有名なお二人ですな。その業績もあまりにも有名ですよね。一人は昭和三十五年、「国民所得倍増計画」を打ち出した池田勇人総理。いま一人は昭和四十七年、「日本列島改造論」をぶち上げて、国民を機関車のように引っぱって行った田中角栄総理です。考えてみたら、私たちの親の年代の人たちはすごいですよね。戦争でボロンケチョンにされたこの国を、わずか三十年ほどで世界第二位の経済大国にまで押し上げたんですから。他国に類を見ない日本国民の勤勉さは、尊敬に値するものがあります。

ただ、「夢」と「金」を追いかけて走ったがために、一番大事なものを置き忘れてきたのも、また事実。

仏教においてもお釈迦さんの教えは「欲を抑えよ」が根本なのに、「現世利益」を高らかに掲げ、「願えばかなう」と人の欲を推進し、現世利益の本意をはき違えて説いているお坊さんのなんと多いことか。そんなものも含めた結果が、「こんなふう」な世の中ですたい。

個々人が「自分さえよければいい」という観念を持ったために、大家族社会から核家族社会になったにもかかわらず、おのおのが勝手な行動を取り、あげくの果てに家庭崩壊。「向こう三軒両隣」のつきあいは崩れ、町内会は形だけ。マンションにいたっては隣の人の顔すら知らん。国中に個人主義があふれかえり、いわゆる「集い」「組織」という集合体が総崩れ。現在の高卒、大卒の就職難は、ひとつにはこの世相の流れが大きく影響しておるんじゃないか、と感じますな。

関ヶ原の戦いが終わって、家康公の上位におった上杉景勝公は、会津百二十万石から米沢三十万石に減封されましたよね。当時、家来をリストラするかどうかで藩の意見が分かれた時、家老であった直江兼続公は、家来の給料を全員三分の一にして、百姓同様武士に米を作らせ、三十万石を倍の石高（収入）にしてリストラを回避したのは有名な話ですな。その政策を見習って、江戸時代に危機に陥った上杉藩を立てなおし、上杉家中興の祖といわれる上杉鷹山公のお言葉も、あまりにも有名です。

「為せば成る。為さねば成らぬ何事も。成らぬは人の為さぬなりけり」

「工夫」といわれるものは、「逃げ」からは、決して生まれてはきませんばい。

頭を使わにゃ、耳も口もただの穴ですばい

昔むかしある村で、庄屋さんがお寺の住職さんに、「年の初めの縁起のいい言葉を書いてくれんかね」と頼んだところ、「よしよしわかった」と快く引き受けた住職が書いて寄こしてきた言葉が、

「家の外ぐるりと囲んだ貧乏神」

というもの。受け取った庄屋さんは、「なんじゃこりゃ、正月早々縁起でもない」と文句を言いにお寺に赴くと、住職は、

「七福神は外へ出られず」

と下の句を書き添えたそうな。

だったらはじめっから下の句まで書いちゃりゃいいのに、とみなさんは思ったでしょう

な。そこはインパクトですばい。人によっては言葉を時間差攻撃することで、よりいっそう理解が深まるってこともあるんですよ。これもある意味、対機説法《たいきせっぽう》（人の心の成長に応じて法を説くやり方）ですな。

実は私もこの言葉はよく使わせてもらっとります。新婚さんたちにね。人生長いこと歩んどったらさまざまな苦労がやってきます。だけどね、夫婦がしっかり信頼し合ってたら、二人のまわりで何が起ころうとも家の中はビクともしまへんで。嫁姑問題もしかり、子育て問題もしかり。

といっても、嫁姑問題はなかなかに難しいですな。ばあちゃんは過去に生きている人だし、嫁はんは現在に生きてる人ですからね。噛み合わんのは当たり前ちゅうたら当たり前。中には過去に生きてないばあちゃんもおりますが、こんなばあちゃんは案外に嫁はんと仲がいいですよ。息子争奪戦は別問題だけどね。

まあ、とにかくです。父ちゃん母ちゃんの絆が家の要ですからな。ここさえしっかり押さえておけば、外の鬼なんてのはどうとでもなりますばい。

この貧乏神の話からでもわかるように、しゃべくる側よりも、聞く側が大事なんですよね。他の法話でも言っとりますが、読む人によっては自殺を思い止まる人もおれば、「なんだ法話か、用はない」と聞く耳持たずの人もいます。次の話もまた、その一例です。

どこぞのお寺さんに、一人の山伏《やまぶし》さんが問答を吹っかけてきよりましたそうな。その時、住職は不在で、相手をしたのは年少の小坊主さん。仕掛けてきたのは、無言問答ですばい。

「お前の心の大きさは、こんなものか」と、小さい丸を指で表した山伏。

「馬鹿を言え、私の心はこれぐらいじゃ」と、両手で大きな丸を作った小坊主。

「その身は、何者ぞ」と、人差し指を一本立てた山伏。

「この身は、五戒《ごかい》を守る身ぞ」と、五本の指を広げた小坊主。

「三界《さんがい》は、いずこにある」と、三本の指を出した山伏。

「三界は、眼下にあり」と、目の下を指した小坊主。

この問答で山伏は、小坊主がこんなんなら、住職はとんでもない智力があるに違いないと、そそくさと逃げ帰ったそうな。

そんでこの一部始終を陰で見ていた住職が、「ほう、小坊主め、大したもんだ。いつの間に」と、無言問答の流れを説明させたそうな。するとなんと、「あの山伏め、私の実家が餅屋と知っていたのか、お前の家の餅はこんなもんだろと、小さい丸を出したもんで、馬鹿を言え、このくらいあるわいと、大きな丸を作ってやりました。一個なんぼやと聞きますんで、五銭じゃと答えると、三銭にまけろと言うから、あっかんべーをしてやったまでです」

「………」

おわかりでしょ。山伏のほうが、悟りは上です。話し上手よりも、聞き上手ですな。いかに悟り取るかが、大事なんです。

ちなみに、五戒とは、殺すな、盗むな、嘘つくな、などの戒めのこと。三界とは、欲の世界のことを指しております。当てはめて読んでみてんさい。

そんじゃ、ついでだから、もういっちょ例を出しましょうかね。私の前著『重いけど生きられる』にも書いた話ですが。

あるところに夫婦仲の悪い両親がおって、両親は一人息子に、ことあるごとに「お父さんとお母さん、どっちが好きかい」と聞いてきておった。うんざりした子供は、丸いせんべいを持って来て二つに割り、「どっちが美味しいか答えて」と両親に突きつけた……ということですたい。

この話を読んで、一部の方は「この子、頭いいじゃん。賢い」という感想を抱いたそうなんですな。ところがお祭しのとおり、私がこの一節から読み取ってもらいたかったのはそういうことじゃないんです。

小さなころから両親の仲が悪く、両親が会話をする姿を見たことがない。ご飯は常に家族バラバラ。子供にたずねてくる言葉といえば、「お父さんとお母さんのどっちが好き」ばかり。そりゃ、三歳、四歳の子供だもんね。お父さんがたずねてきたら「お父さんが好き」、お母さんがたずねてきたら「お母さん」と答えるくさ。とうとう七歳になった時に、たまりかねたんでしょうな。右に書いた出来事ですばい。

親が作る環境によって七歳の子供が、こんな子供らしくない行動を起こすんです。子育ての環境作りを真剣に考えよう、というがこの節の本意です。

ちなみにですが、この子は現在、すばらしい家庭を築いておりますよ。この子の両親は離婚しましたが。このへんの後日談を書いていいかどうかわからんかったんで、『重いけど生きられる』では雑誌で読んだ話としておりますが、実際は私が直接聞いた話です。

私の本は、一つの話を五分ほどで読めるように書いておりますが、実際に話をしたら、一話につき二十分ほど時間がかかかるんです。ということはですばい。ひとつひとつの文句の裏に、含み言葉があると思って読んでもらいたいんです。いわゆる、底意探しですな。私の本に限らず、あまたの法話本といわれるものはすべて、含み言葉が隠されておると思ってまちがいないでしょうね。「結婚式のスピーチと坊主の説教は、短いほどありがたい」と言いまっしゃろ。話が長いと飽きるし、寝るし、そうなったら元も子もないですもんな。だから短く簡潔に、ですばい。

それに、表情やら声の調子というものも活用できるスピーチと違って、活字でできる表現には、限度がありますからね。読み取ってもらう側の読解力に頼らなければならないのが事実です。そこは不自由ですが、でもがんばってもらわんと困りますよ、お互いにね。

学校教育とよく似ておりますよ。生徒さんは一律平等に、学校というものを与えられ、先生を与えられ、教科書を与えられます。あとは生徒さんの心の向け方如何《いかん》でもってくさ、学力の向上が決まりまっしゃろ。そのような意味合いで読んでいただければ、今、読者さんが背負われている問題の解決の糸口が、もしかしたら見つかるやもしれません。法話に限らず、信仰全般に限らず、いかなるご縁も受け取る側次第ということですかね。

江戸時代、仙厓《せんがい》という臨済宗のお坊さんが、なんとも粋なことをおっしゃりました。「割り切れんもんを割り切って、わが心と折り合いをつけることを生きるっちゅうんじゃ。折り合いをつける必要がなくなるのは、死ぬ時だけじゃ」

禅宗のお坊さんの中には何十年もの間、一言一句違わぬ法話をかたくなに続けてらっしゃるお方がおられるとか。その理由は、法話を聞いた相手に、「この法話を通して自分の心の向上経過を量《はか》ってみよ」ということですたい。五年前、十年前に法話を聞いた時と、今聞いた法話が同じに聞こえるということは、この五年十年、あなたはまったく進歩してないんだよ、と気付かせるためだとか。

少々頑固に聞こえますが、よか方策ですな。

わがお寺の僧侶さんたちは、「今日は、あなたが法話をしなさい」と指名したら暗い顔をされますが、そのたびに私はこう言ってます。

「しゃべる口よりも、聞く耳のほうが大事、心配せんでも檀家さんのほうが勝手に悟ってくれはります。同じ話でよか」

とね。

「お先に生まれし者の責任」、考えたことがありますか

　平成二十四年七月、ロンドンオリンピックが開催されましたね。開催式を見ておりますと、日本のかつての敵国だったイギリスや他の国々の人たちが、日本選手団に惜しみない拍手を贈ってくれてはりましたな。

　戦争を知らない（まあ私もですがね）そんな世代にしてみれば、「敵国って、あなた。何十年前のことよ。いつまで引きずってまんねん」という話でしょうな。だけども現実、参加国の中には、現在進行形で争いあっているところがあるんだよな。この和気あいあいの雰囲気の中にね。

　四年ごと（冬季五輪もあるから二年ごとですかな）にいつも感じるんですが、国民同士、個人的にはこんなに仲がいいのに、いったいどの階層の人たちからいざこざが起こってる

んだろうね。戦争って、まさに上の人たちの欲によるケンカ。巻き添えを食っているのはいつでも、末端のもんなんだよな。

「拝借申す四大五蘊《しだいごうん》、お返し申す今月今日」

右の言葉は、かの一休さんが言われた言葉です。

四大とは風・地・水・火、つまりこの世界をかたちづくっている物質の世界。五蘊は色《しき》・受《じゅ》・想《そう》・行《ぎょう》・識《しき》で、肉体とそこにある意識のこと。四大五蘊ちゅうのは、要はその中で生きる自分も含めた、この世界のすべてっちゅうことでんな。

いくら貯めこんだ財産も、いやさこの体でさえもこの世に残して帰らにゃならん。女房も、子供も、お金も、家も、土地もね。なんぼ愛おしくても、自分のもんじゃない借り物＝仮のものだから、この世に置いていかにゃならん。だったら何を固執せにゃならんというの。「人は一代、名は末代」でんがな。上に立ってる人たちは、目の置きどころが、どうもまちがってるような気がしますな。

一つの家庭をながめてみても、親兄弟間の争いで親戚一党が不仲になっているケースが多いですよね。親が越えておきさえすればよかった山を越えておかなかったがために、子供の時代までその影響がおよんどりますばい。親の作った借金を、子供が払わされているケースのように。やっぱり理想は「立つ鳥跡を濁さず」ですな。

ひとりひとりの心がけ次第で、スムーズに流れるはずのものが、ストップする。しょせん理想の世界なんですかな、争いのない世界なんてもんは。

第一次世界大戦中のイギリス軍人が、矢玉の飛び交う中、巣の中の卵を守って親鳥が絶命していたのを見つけたそうな。犠牲になるのはいつでも弱いものですな。地球は人間だけのもんじゃないのにね。いつか来るんじゃないのかな、しっぺ返しが。

鳥を狩りに行った男性の猟犬に、スズメの親が体当たりをして絶命をしたという話もありますばい。その後その男性は、狩りをやめてしまったそうな。目の前で見せられてはね。

サルやヒヒは、子供が死んだら、その死骸がミイラになるまで抱いているという話も聞いたことがあります。

人間の世界も同じような話がありますよ。イタリアのナポリ近郊にポンペイという町があります。紀元前七世紀ごろにできた町だそうですが、紀元七十九年にベスビオ火山の大噴火により町が火山灰の下に。その後十八世紀に発掘が開始されたそうです。溶岩で埋まった遺体が朽ちたあとに石膏を流し込んで、亡くなった人たちの姿を写し取ったところ、そこに子供を抱いたまま絶命した母の姿が出てきたそうですばい。千七百年もの間、わが子を抱いたまま土の中に埋もれていたんですな。

埋もれるといえば、クジラは海の中では十分間しか息が続かないんだそうです。よって漁師は、時間を見計らって銃を構えるんだって、息継ぎ時を狙ってね。そのクジラは漁船が近づくと、親が子供をはさんで泳ぐらしいですよ。そして、親みずからが子供の息継ぎ時に漁師の船側に体を出して盾になり、子供の命を守るそうですばい。

親というもんは、ほんとありがたいもんですね。ところで、私たちはこんな親ですかいな。こんな親になれそうですかいな。自分を犠牲にしてまで、わが子の盾になれるような。

親と言えば、信仰における指導者（住職）も、またしかりです。「人々に欲を捨てよとすすめつつ　後から拾う寺の上人」（一休宗純禅師のお言葉）じゃ、指導者としてはあきまへんな。

最近は、オセロの○島さん問題と同様の相談事が、当寺にもちょくちょくやってきます。新聞の取材を受けた時にも言ったんですが、占い師や坊主の言うことを鵜呑《うの》みにするのはどうかと思います。しょせん、坊主も主観で動く人間ですからね。あくまでも、もらった意見は参考程度にとどめることが賢明ですよ。人それぞれ導かれる答えは別ですから。

信仰を「はしご」されている人たちを見てみると、みずからが努力をされている人が案外に少ないように思えますな。できることなら楽に幸せをつかみたいとね。でもね、お金の額で幸せが確保されるんであれば、お金持ちさんは、誰も死なんし、病気にもならんし、不幸もやって来んですわな。そんなあほなことがありますかいな。よく考えてみればわかろうもんが欲をかくからくさ、そこに欲深坊主の入り込む隙間ができるんですばい。

信仰は特別なものじゃありませんよ。特別なものにしている者がおるだけです。受ける側にもある程度の責任はありますよ。いかなる時も、決断を下したのはご自分なんですからね。とはいえ、ワラをもつかむ思いで助けを求めて来られた人に、本当にワラをつかませて溺れさせる指導者は、やっぱりどうかと思います。

私はこう思うんですよ。私たちがこの世を去って行きつく山の頂には、おそらくお釈迦さんもキリストさんもマホメッドさんもダライ・ラマさんも、他にも世界あちこちの宗教宗派で祖師といわれる方々みんな同じ場所におられて、談笑されておられるんじゃないかとね。それこそ行ったことがないから、確たる証拠はありませんが。で、私たちはそれぞれの縁によって、そこに登る道がただ違うだけなんじゃないかなってね。それを、どの道が正しいだの言ってなんになろうや。「宗論《しゅうろん》はどちらが勝っても釈迦の恥」ですがな。

せっかく五合目まで登った道を「あっちの水は甘いぞ」に誘惑されて、わざわざふもとまで降りて、また登り始めることはないよね。もったいない、もったいない。「継続は力なり」は、信仰だけに限らず、実生活においても言えることですばい。迷いなさるな、迷いなさるな。

お釈迦さんに十大弟子がおられたのも多分、それぞれの人の縁を考えられて門を広げられたんでしょう。神通第一《じんつうだいいち》の目蓮さんの縁じゃないと山が登れない人もいれば、多聞第一《たもんだいいち》の阿難《あなん》さんの縁じゃないと悟りを得られない人もいるだろうからとね。

信仰における指導者に限らず、人における親子関係もまたしかりですばい。この子は、この親だったらまちがいなく、しっかりと育て上げてくれるだろうと授けられたもの。「なんで私に」「どうして私が」などといった疑問は捨ててかかりましょう。どの分野においても、人の上に立つ者の責任は重いもんです。親は、頼られる側ですよ。その親が迷っちゃだめですばい。

十月五日は、禅宗の開祖、達磨大師《だるまたいし》の縁日です。武者小路実篤《むしゃのこうじさねあつ》さんが言いよりましたで。「桃栗三年、柿八年、達磨は九年、俺一生」とね。桃栗柿はその年数で実りを得、達磨は悟りに達したが、俺は一生かかっても悟れんだろうなと。

まったく、まったく。私たち凡人はあせらず騒がず、じっくり足元を確かめながら歩いていけばいいんじゃないですかね。

第二章

「折り合いをつける」ことが、あなたの心を楽にします。

高野山親子詣《こうやさんおやこもう》でにて感ぜしこと、つれづれと

「ケーブルを降りると、そこはすでに秋の気配を漂わせていた」……なんてね。誰かの小説の冒頭のような始まりでしょ。

新大阪駅から地下鉄御堂筋線《みどうすじせん》に乗り換えて難波《なんば》へ。三十分もあれば大丈夫だろうと余裕をかましていたら、南海電鉄に飛び乗るはめになっちまいました。この間は、最低一時間はみとったほうがよさそうですわ。特に私なんか、檀家さんのお年寄りを連れていくことがあるので、時間があるにこしたことはない。まさに、「体の不自由な人が住みやすい家は、健常者はもっと住みやすい」ですな。いわゆる、余裕を持てですな。

急行で高野線極楽橋《ごくらくばし》までは約一時間半の行程。徐々に田舎の景色に移り変わっていく様を見ながら、久しぶりに二男との二人旅でした。途中、九度山《くどやま》にさしかかった時、「父さ

ん、ここだろ」と二男が。

そうです、真田幸村公が流されていた土地です。

幸村公と言えばくさ、やはり思い出されるのは二つの戦ですな。信州上田で後の徳川二代将軍秀忠公を釘付けにして、関ヶ原に遅参させたことはあまりにも有名な話ですよね。まあしかし、あの場合はくさ、秀忠公は目先の敵にこだわり過ぎましたかな。今やるべきことは何かを念頭に置いておったなら、遅参する失態はしなかったでしょうな。誰にでもよくある失敗ですが、しかし私たち一般人の失敗は、せいぜい次の世代までの語り草で終わるばってんがくさ、名のある方々はこの国が存在する限り語り継がれますからな。

そしてもう一つは、大坂夏冬の陣ですよね。

「幸村公だけどさ。もう少し早く生まれてたら、天下を取っていただろうと言われているけど、そこんところ父さんはどう思う」

「歴史上の評価だからね、なんとも言いようがないばってんが、生まれ合わせもまた、その人の天分かな」

その件については、「天下人は、天が決める」と言われたとされる秀吉公の言葉が正しいように思われますね。ただ、天が決めようとするその時期に、そのお人が受け入れ態勢を整えておれたらの話でしょうがね。そりゃあなた、力もないものに、天はその位置をその人に用意はせんでしょうから。

ということはですたい。いかなる場面においてもその位置に今いる人というは、機が熟しておるということだわね。あとはその縁を実らせることができるか、できんかだけ。実らせきったのが、秀吉公ということでしょう。「縁を生かす」ということは、そういうことでしょうな。

方々で、「やればできるのに」と、この言葉を投げかけられている人がおられまっしゃろ。これは、やらない人に対する期待外れの言葉ですもんな。

考えたらですばい。人というは、いったいどれほどの良縁を、知らず知らずの間に自身の努力不足から逃してきているかわからんでしょうな。……いやあ、もったいないよね。

極楽橋駅に到着すると、そこから高野山駅までケーブルで約五分。車内では高野山の簡単な説明が音声テープで流されています。平安時代、西暦八百十九年ごろから弘法大師空海さんが修行の場としてお開きになった真言宗総本山であるだとか、お寺は総本山金剛峯《こんごうぶ》寺《じ》をはじめ百十七ヵ寺におよび、その約半数が宿坊だとか、山内住人は約四千人おらっしゃるだとかですな。

ケーブルを降りると駅前にはバスが控えてくれてはります。もちろんタクシーもいますよ。私たち親子はまず、お大師さんがおらっしゃる奥之院へと向かいました。「奥の院口」という停留所でバスを降り、約二キロの距離を歩くんですが、そこには樹齢五百年以上の古杉が立ち並び、数十万といわれるお墓が並んでおります。敷き詰められている石畳は、かつて大阪の街並みを走っておった電車の路面に使用されていたものだそうですな。そこには、歴史に登場される方々のお墓が満載。本当に実在していたんだ、と実感させられる夢の浄域です。

一の橋から入ってすぐ左側には、鶴田浩二さんのお墓。足を進めるにつれて伊達政宗公、武田信玄公、勝頼公。石田三成公に法然《ほうねん》、親鸞《しんらん》の両高僧等々、その数限りなし。中でも必ず寄らせてもらうのが、参道半ばの右奥にあります明智光秀公のお墓です。お墓の五輪の塔は上から、空、風、火、水、地と宇宙の構成要素を象徴として作られているんですが、その「水」の部分が割れておるんですよね。言い伝えでは、光秀公は主筋の信長公を殺した謀反人ということで、何度墓石を入れ替えても割れるとされておるんですが、これがまったくの作り話でしてな。当時高野山は、初めから故意に割れた石を組んだんだそうです。

なぜかって、それはですたい。ほうぼうのお寺を焼き討ちにしてきた信長公、高野山もその標的となっていたそうですが、光秀公の謀反でそれが回避された。つまり高野山にとっては、間接的とはいえ、命の大恩人となったわけです。本来ならば、その御礼報謝から、どでかいお墓を建てて供養をしたいところ、しかしくさ、後ろに秀吉公が控えておられましたからな、大っぴらにはできない。そこで大義名分のための「割れる石」ですばい。「こんなことがあるから供養をせにゃならん」と秀吉公を納得させたんでしょうな。

その意味において考えてみると、わが宗にとっても、やはり光秀公は大恩人かな。わが宗祖はこの高野山大圓院《だいえんいん》様で、得度出家をいただいておられますからね。だからこそ私は、参拝時には必ず墓前に手を合わせに行きます。なんかこう、歴史をひもといていったら、感謝せにゃならんもんって、いっぱいありそうな気がしませんか。

あっ、そうそう、実は信長公のお墓もこの参道の中にひっそりとあるんですよ。二十年ほど前に見つかったそうです。墓石に書かれてあった戒名《かいみょう》から判明したそうですばい。子孫が持って来られたんでしょうかね、高野山霊地での親の安眠を願われたんでしょうな。しかしそう考えみたら、高野山は懐が深いですよね。焼き討ちしようとしていた信長公の御霊《みたま》を受け入れてるんですからね。世間でよく聞く話ですが、なんの恨みがあるんか知らんけど、親の供養をほったらかしている人たちは見習わなあかんですよな。浮世のことは、浮世のことですばい。向こうに行ったら今生《こんじょう》の恨みは終わり、みんな仏様だべょ。

お墓ついでですが、この高野山で一番大きなお墓は、信長公の妹さんであるお市の方の三女、徳川二代将軍秀忠公のご正室であり三代将軍家光公の生みの親、お江《ごう》の方のものなんですよね。

「『生みの親』って何？」って思いましたか。実は家光公は赤子の時から家康公の意向により、明智光秀公の重臣、斎藤利三公の娘、お福（後の春日局《かすがのつぼね》）さんに育てられたんですよね。それが原因かな、この母子、最後まで折り合いが悪かったと言われてますよね。

子供が小さい時は、母親は自らが手をかけて育てんとあかん、ということですかな。

お江さんの送り名（戒名）は「崇源院《すうげんいん》」といって、お墓は五つの巨石を積み上げたもので、今から四百年ほど前に建立されたんだそうです。高さはなんと約七メートル。これを見た二男、「……どうやって積み上げたんだろう」と思わずつぶやいていました。

その方法は実に賢うおまっせ。一番下の石を置いたら、その石に土をかぶせて山を作り、それにまた石を載せて山を作りをくりかえし、最後にすべての土をうっ払って完成ですばい。まさしく、「頭は生きとるうちに使いなはれ」ですな。道具がないなら、知恵を使えってことです。

一の橋から奥之院への約二キロの参道に、およそ三十万基あるといわれるお墓を左右にいただきながら納経所まで足を運びますと、そのちょっと手前に二坪ほどの社殿型のお墓が目に止まります。このお墓は応其上人《おうごしょうにん》といわれるお方のお墓なんですが、このお方は通称「木食応其《もくじきおうご》」と呼ばれていてですな、豊臣秀吉公の高野山焼き討ちを阻止した第一の功労者とされているお方なんですよね。残念ながら、一般にはあまりなじみはないようですが。「木食」というのは穀物絶ちの修行のことで、これを成し遂げられたのでこの名で呼ばれています。別に木の皮を剥いで食されていたわけじゃなかですよ。それじゃ坊さんじゃなくて象さんですばい。

織田信長公亡きあと、秀吉公もその遺志を継いで高野山焼き討ちのために、門前町である橋本まで兵を進めてきたんですが、この時応其上人みずからが山を下りて、秀吉公と直談判されたということですな。恐ろしくなかったんでしょうか。

「ほうぼうの寺社、仏閣を焼き討ちにしたあげくに、あなたのご主人である信長公は、仏閣である京都本能寺において、同じ焼き討ちに遭い、命を落とすことになったでしょう。同じ轍を踏まれるおつもりですか」

不思議に人の世というは、自分が仕出かしたことが同じような形で、山彦のように返ってくることがよくあると思いませんか。それが自分自身に返ってくる分についてはまだ、「自分がやったことだ。仕方ない」と納得もできようもんですが、それがわが子や孫の人生にかえってきた日にゃ、悔やんでも悔やみきれんものがありますよね。いわゆる、「親の因果が子に報う」ってやつですばい。

結果として、山から僧兵を排除し、僧侶が本来の責務に従事するという条件を高野山側が飲むという約束で、秀吉公は兵を引かれました。私にとってはこの応其上人さんもまた、先の法話で書いた明智光秀公の場合と同様、御礼報謝のために必ず参拝した折には手を合わせにうかがっております。

「んっ、また、御礼報謝でっか、自分たちのうかがい知れぬ大昔のことでっせ、そこまでせにゃあきまへんか」と言われそうですがね。確かに、「高野山が焼き討ちされていたら、現在に真言は残っていなかったんかい」と言われれば、そうではないですよね。現に焼き討ちされた比叡山延暦寺《ひえいざんえんりゃくじ》も、根来寺《ねごろでら》もこの平成の世に残っておりますもんね。

でもこれは言うなれば、わが家の先祖に向ける思いと同じということですたい。明治時代、江戸時代、そんな時代の先祖って、当然私たちは知るはずないよね。そこにただひとつ言えることはですたい。その時代から、いや、数千年、数万年前から、一筋の命をバトンリレーのようにつないでくれたからこそ、私たちは生まれることができたということ。これはまぎれもない事実ですよな。御礼報謝に対する他人の考え方はどうであれ、私自身は、この命の流れの中にある過去の縁ある人の働きに、感謝せずにはおられないだけ、ということですたい。

納経所を通り過ぎますと、「これより奥之院浄域」と御廟橋《ごびょうばし》（無明橋《むみょうばし》）が出迎えてくれはります。橋を渡って百メートルほど行くと、明らかに他とは違う様相のお墓が左手に現れてきます。歴代天皇の安息地です。お墓といっても埋葬されているのは、実際は爪や髪の毛だそうですが、管理は高野山（真言宗）ではなく、宮内庁が直々にされているということです。

御影堂《みえいどう》まで来ると、その先はお大師さんが座していると言われている浄域。西暦八百三十五年三月二十一日、お大師さんは寅《とら》年生まれということから、寅の刻（今の夜中一時ごろ）に生きながらご入定《にゅうじょう》なされたそうです。今でも生きておられるということから、日に二度食事（生身供《しょうじんぐ》）が供され、年に一度お召し替えのための布も供されてはるとか。

御廟前でお参りをしておると、参拝者の中からそれこそ、いろんな声が聞こえてまいります。信心深い声やら、物見遊山の声やら、ですな。その声の中でよく耳に入って来るのが、物見遊山側の声、「この奥にお大師さんがおらっしゃるって、本当かいな」ですかな。

ただし、それ以上の声は聞こえてはきません。「嘘やろ、ほんまか」とか、「誰か見たことあんのか」とか、そんな言葉は失礼に値すると、どこか心の片隅にあるんでしょうな。

しかしまあ、なんですたい。高野山側が、おらっしゃると言われるんだから、おらっしゃるんですよ。ここまで登って来て、疑う必要はないですわな。私たちは、ただただ信じて手を合わせりゃいいんじゃないのかな。別にお金を強要されてるわけでもなし、信仰観を無理やり押しつけられてるわけでもなし、自身の心情の問題だべ。酸素を提供してくれる空気や、太陽の光、親心など、目に見えないものに感謝をするのと同様ですばい。大事なものはけっこう、目に見えないものが多い、その目に見えないものに感謝してみたらどうだい、って話ですな。

そしてこの奥之院浄域でそれこそ偶然に出会った、高僧の放った一言のお言葉が、この度のご縁での私たち親子にとって一番の収穫となりましたかね。

「英照さん、宗派を問わず、僧侶の資質改善が急務になっとる。急がんといかん」

特にこの言葉は二男にとって、いろんな思いをめぐらすことになったようですばい。親のしている仕事、特に自営（もちろんお寺も含みます）について親から話をすると、その話し方によっては、わが子に強制や負担を与えることとなりますからな。第三者からの投げかけは、親にとっては非常にありがたい時があります。

「父さん、うちのお寺の僧侶さんや、役員、総代さんは、どういう基準で選んでるの」

「そうだね……まずは奉仕の心があるかどうかだね。みんなが法要の準備や、掃除をしているのに、積極的に加勢をしようとしないような人は、その役に就けることはできんわね。そんな人に、人は誰もついていかんからね。それと頭が低いこと、表裏がないこと、偏った考えをせずに誰にでも平等の心を向けられる人かな。特に僧侶は、な。わが宗のお上人さんは、『千人の股をくぐるとも、一人の肩をも越しちゃならん』と教えられておられたということばい」

「奉仕」というは人によってはですな、何か自分一人だけがつらい思いをして、損をしているように思えて、「あほくさ」と見向きもせん人がおられるようですがね。しかしですばい。損得利潤に関係なく、汗水流して人のために動いてはる親のそんな姿を、子や孫が見ておるとしたらいかがですかな。「子は、親の言うとおりには動かん、親のするとおりに動く」という言葉がありますばい。その親の後ろ姿で教訓を得た子供は、必ず将来、損得ぬきで世の中のために働ける人間に育っていくでしょうね。自分にとって都合がいいか悪いかを是非《ぜひ》の判断としてはる親の姿を、反面教師として見ることができる子供はそうざらにはいない。「自分さえ良けりゃ、それでいい」という親の影響を、少なからず子供は受けよります。

さて、昔むかしのことですが、「ぐうたら息子が先祖代々の田畑を売って、即金を欲しがりよります。なんとか説き伏せてくだっせ」と、老母が住職に嘆願してきました。

さっそく息子を呼び出して住職が言いました。

「お前さん、あの土地には金銀財宝が埋まっていることを知らんのか」

驚いた息子は、「よっしゃ」とクワを持って、二町（六千坪）の田畑を死に物狂いで耕し続けました。しかし、どれほど耕しても何も出てこない。だまされたと気付いた息子は怒りをぶつけに住職の元へ。そこで住職が、息子に向かって一言、喝を。

「何をやっとるか、早く種を蒔《ま》いてこんか」

……汗水流して働けば、その先には必ず、なんらかのものが待っておりますばい。

死にざまは、死に臨んでからでは整えられませんばい

わがじい様は入院して四十三日目で、元気いっぱいこの世を去って逝ったんですが、その間の病状経過は、「こんなもんかいな」という印象でしたね。

入院してすぐに頭の中の画像を何十枚か撮ったんですが、その時は病巣が見つからず、一週間後、明日退院という時にトイレで倒れ、再度撮りました。しかしその時もまた病巣は見つからず、今度は用心のために二週間時間を置いたんですが、やっぱり発見できず。またも明日退院という時にトイレで倒れたので、またまた撮ったところ、最後の一枚に所見が出ました。結局何十枚撮ったかいな。当時、副院長の先生に、「こんなもんですか」とたずねると、「こんなもんだよ、近代医学といってもな」と。

以前、雑誌「週刊現代」に東京大学付属病院の救急医療部部長をされている矢作直樹《やはぎなおき》先生の特集が載っておりました。「死後の世界」というテーマでね。

その先生ですが、当時五十七歳にして出た結論は「人には霊魂がある」だったそうです。年間数千人の生死と向き合ってのご自分なりの結論だったそうですが、現代医学でも証明できない命のやり取りは山ほどあると。自然の摂理から考えて、命はどこからか来たんなら、どこかへ帰るはずということでした。

私もこれまでに葬式を六百回以上させてもらってきましたが、私なりに出た結論もまたありましてね。それは「人間は寿命。病気じゃ死なない」ですかな。

あと数カ月と宣告されて、十年以上生きた人は何人もいますし、元気いっぱいの若者が、朝を迎えても目が覚めず、絶命（いわゆる突然死）されていたという人も何人かいました。事故なんかで亡くなられた方なんかもですたい。玄関先で「あーた、ちょっと、待って」と二、三秒奥さんが振り向かしていただけで、ご主人を轢いた車はそこから通り過ぎてありますもんな。なんでそこにピンポイントで遭遇しなくちゃいけないんですかな。人間の命というは、ほんとに不可思議なもんです。投げやりな言い方に聞こえるかもしれませんが、私は常々檀家さんたちにこう言っております。

「人間じたばたしたって死ぬ時は、死ぬ。だから一日一生と思って、今日を悔いなく生きましょう」と。


じい様が他界する八時間前、病室で二人っきりになった時、前置きもなくじい様が、

「お前に謝らな、いけんことがある」と言いました。

亡くなった年より数えて十年前、私が高校二年生の時のことでしたかな。あるいざこざで、私の喉元にじい様が出刃包丁を突きつけたことがあった、その件でした（くわしい経緯は拙著『重いけど生きられる』ご参照を）。それから今日まで、そのことを忘れた日は一日もなかったと言うんですな。たとえどういう理由があろうとも、孫に包丁を突きつけるなんてと。一時間ほどそのことについて語り合って、夜十時ごろ私は帰宅をしました。

それから二時間後、また病院から呼び出しですばい。「あのくそじじい、また騒ぎよるんかい。いい加減にせいよ」とカッカしながら、今度は父を連れて病院に向かい病室に入ると、そこには酸素吸入器をつけられた危篤状態のじい様の姿がありました。二時間前ま

で元気に話をしていたのに……。今回もまた、トイレで倒れたとのことでした。副院長から、すぐに近親者を集めるように指示が出ました。血圧、脈拍数は正常値に近かったので、「なんで」と思いましたが、呼吸状態からみて、呼吸器の血管が切れているということでした。すぐに女房殿に電話をして、徐々にばあ様にそのことを説明するように頼みました。急にショックを与えて体に障ったら大変ですのでね。何せばあ様は、血圧が始終二百五十前後、血糖値が五百を越える重度の糖尿病に加え、数年前に患った脳血管の疾患により、左半身が不自由だったもんでね。

じい様は私達に看取られながら、翌早朝五時、最期だけは静かにこの世を去って逝きました。……あれを私に言わにゃ、旅立てなかったのかな。

家に連れて帰ると、ばあ様はじい様にしがみついて泣きじゃくってましたな。「江戸の敵を長崎で」じゃないですが、若い時に受けた仕打ちに対し、ここぞとばかりにじい様をいじめ続けた晩年でしたが、四歳の時に両親を亡くし、その後じい様の家に引き取られてから、かれこれ七十八年間の縁ですもんな（おもろいいじめについても、『重いけど生きられる』ご参照を）。

葬式には六百人を越える会葬者がありました。お寺関係は二百人前後、後はじい様個人の弔問客でした。私は法話の中でたびたび言っておりますが、葬式はその人がどんな生涯を送ってきたかを一発で表します。なんじゃかんじゃ言っても、日本人は律義な人種ですからね。受けた恩を必ず弔問という形で返しに来られますもんな。

中でも、弔問に来られた三人の中国の方の話は初耳でしたな。第二次世界大戦中、満州に渡って土建の親方をしておったじい様に命を助けられたと、私の手を握って泣かれておりました。家の中じゃわがままいっぱいで、自分の思いどおりにならなかったら怒鳴り回していたどうしようもないじじい様でしたが、そんな徳を積んでいたとはね。

葬式という場面では、家族の知らなかった故人の一面を、弔問者の方々から聞かされることが多々ありますよな。亡くなってから「そうだったのか」と故人に対し、勝手な決め付けをしていた自分たちを、反省させてもらえるのもまた、葬式というご縁の場ですな。家族葬ではこうした気付きは決して得られませんばい。故人も、勘違いされたままでの旅立ちでは、浮かばれませんわな。せめて家族ぐらいは、その人の一生を理解して送ってあげたいもんですな。

ところで、皆さん。人はなんのために、この世に生まれてきたと思いますかい。あのですな、人はみな、死ぬために、この世に生まれてきたんですばい。だからこそ、いかに悔いを残さず死ねるかです。

以前、私が四国巡拝中に乗ったタクシーが故障してしまい、お客である私に迷惑をかけたと落ち込んでいる運転手さんに、こうお話ししたことがあります。

「形あるもの、いずれは崩れます。気にせんでよかよ。三十万キロも人のために走ってきてくれた車、もしこの車が口をきけたなら、恐らくこう言いはせんですかね――『私はこの度、廃車となる。しかし、私の一生に悔いはない。ところであなたは、私のように悔いなくこの世を去っていけそうですか』とね」

その年は、四国八十八ヶ所霊場開創千二百年の記念巡拝の年でした。そこで得られたのは、「ここを、悟れ」の教えだったかも……ですな。

ちなみに今年、平成二十七年は、高野山開創千二百年祭の年。考えてみたら、千百年祭の時は生まれてなかったし、百年後の千三百年祭の時には、まちがいなくこの世に存在していないのだから、ご縁をいただこうと思えばいただける命が今ここにあるということは、ありがたいことですよね。「自分の宗派とは関係ない」なんてこと言わんと、行かれてみてはいかがですかね。

これに限らんことですが、ご縁というものは自分で引き寄せるものですよ。

何事も「受け止め方」次第で大違いでござる

先日、檀家の奥さんからこんな話を聞きました。

自家菜園で育てたできそこないの小さなニンジンやキュウリを使って料理をしていると、「そんなものをわざわざ使わなくても」と、友人があきれた顔で言ったそうです。

これに対してその奥さん、

「縁あって私のところに生まれてきたんだから、それに自分で育てた野菜だしね。大事に使ってあげなきゃ」

さて、みなさん。この会話から、いろんなケースの教訓を模索できそうですが……どうですか。何か頭をよぎりましたか。

本書の別の法話の中に、人間の親子関係に関することで、「子供というのは、『この親だったらまちがいなくしっかりと育ててあげてくれるだろう』と、神仏から授けられたもの。『なんで私だけが、こんな苦労を』などの疑問は捨ててかかりましょう」

というものを載せておりますが、これを最初にホームページに載せた当時は、いろんな感想をいただきました。体の不自由なお子さんを持たれたお母さんからは、「そうですね。私のもとに来ないと、この子は幸せになれなかったんですよね」と、複雑な胸中から抜け出せたとの手紙をもらったり。はたまた、嫁《とつ》いだ先のご主人の兄弟とその連れ添いが全員、自分たちの親に背を向け、すべての責任を押しつけられた奥さんが、「主人を産んでくれて、育ててくれた親だもんね。そのおかげで、可愛い子供も授かることができたんだもんね」と納得した上で同居したという話だとか。この人じゃないと親の面倒は見きらんと、白羽の矢が立ったんでしょうな。

「ええい、もう知らん。なんで私一人だけが苦労させられるの」と、押しつけられた奥さんも時には投げ出したいと思うこともあろうばってんがくさ。ところができないんだよな、こんな人は。根本的な人柄だもんね。

　こんな話は山ほど聞きますばい。何人子供がおろうと、親の面倒を見る子はたいてい一人ですもんな、不思議とね。あとの者は、その人一人に責任をおっかぶせて知らん顔を決め込みよります。そのくせ外野から、ああじゃこうじゃと文句だけは言ってきよります。動かん人間の典型ですな。そんな姿をわが子から見られてるのにね。以前、私の長男がちくりと言っておりましたよ。「親の面倒を看る姿を子供に見せてないで、将来、子供が親の面倒を看るはずがないよね」と。

　お墓参りにしたってそうですばい。「お前、草がぼうぼうで、供えてある花が枯れ落ちとったぞ」と、鬼の首でも取ったかのように言いよる人、おりますな。常日頃ひんぱんにお墓参りに行っているなら、ちょっと暑くなれば三日で供えた花は枯れ、雨でも降れば、草はみるみるうちに伸びることなど当然知っちょりますから、そんなことは言わない。みずから御無沙汰を露見しているのと同じですな。

　また、病気で体を不自由にされたお方からもこんなことを言われました。「考えてみたら、泣いてわめいても、何かを恨んでも、病気は治んないもんね。おそらく私が耐えられないような試練は、神仏は私に与えてないでしょうから。病気に限らずですね」と。

さらに政治に携わっているお方からは別の視点で、「ご住職、この一文は世界情勢を、特にアジア外交を風刺されとりますな」と。……ほう、さすがと思いましたばい。このたった一文で、人はそれぞれにいろんなケースが頭をよぎるんですな。


江戸時代に臨済宗中興の祖と言われた、白隠《はくいん》という禅師がおらっしゃいます。「駿河《するが》（静岡）には過ぎたるものが二つあり　富士のお山に原の白隠」と言われたお方です。その白隠さんが詠《よ》んだといわれる歌があります。

「手を打てば　はいと答える　鳥逃げる　鯉は集まる　猿沢の池」

奈良県に「猿沢の池」というところがありまして、そのまわりには旅館があります。そこでお客さんが人を呼ぶのにポンと手を打てば、宿の人は「はーい」と答えますわな。ところがその音で、鳥さんたちはびっくりして逃げよります。しかしコイたちは、餌がもらえると思って寄ってきよります。ポンと手を打っただけで、受け止め方がこんなに違うんですな。

「受け止め方がそれぞれの立場で違うことに気付いているもんは、思いやりは深いだろうし、むやみやたらに自分の意見を押しつけたりはせんもんだぞ」

白隠さんは自分中心の偏った考え方を貫かれている人たちへ、この歌で釘をさされたんじゃないでしょうかね。

たまにあるんですが、以前わが寺で短い間に多くの方をお送りしたことがありましてな。その中でも、人の寿命に万歳という年令はないけんど、それでもやっぱりお歳を取られたご老人が旅立っていくのとは違い、若い人がこの世を去っていくのは、やっぱりつらいものがありますよね。

一人は四十七歳の独身男性。夜十一時に食べ物を買いにコンビニへ行く途中、交差点で信号待ちをしていた時、いきなりの心筋梗塞ですばい。近くに市立病院があり、すぐに運ばれましたが間に合いませんでした。

この方のお兄さんも七年前、叔母の葬式後に急な仕事で現地へ行き、二時間後に脚立《きゃたつ》から落ちてしこたま顔面をぶつけ、血が止まらずに出血死していました。現場が田舎だったもんで処置ができず、ヘリコプターで大病院に搬送しようとしたのですが、何せ体重が百二十キロを超えてたもんで、気圧の関係で空がだめだったんですよ。出棺まで出血が止まらなかった人を見送ったのは初めてでしたな。このご兄弟の場合、せめてもの救いはご両親がすでに旅立っておられたということぐらいですかな。

しかしですばい。この方にしても、お兄さんにしてもくさ。まさか自分が数時間後に死ぬなんて、思ってもなかったでしょうな。現在世界の人口は七十億人を超えちょりますが、誰ひとりとして明日の命の保証をもらっている人はいませんもんね。なのにみんな、自分だけは死なんと思っとる。昔のお坊さんが、「一日一生」と言ってますやろ。夜寝る時、今日の命は終わった。朝起きたら、また新たな命をもらったと思い、いい加減に生きちゃならんぞとね。

もう一人は、わが寺のお坊さんでした。五十二歳女性。何がつらいって、親に先立つ「逆縁《ぎゃくえん》」ほどつらいものはないわね。親にとってはたまらんよね。

彼女は大腸がんがあっちこっちに転移し、つらい治療を続けながらも、泣き言一つ言わずに、亡くなる二カ月前までお寺の役目を果たしてくれました。しかし、最後の二カ月はさすがにつらそうでしたばい。

人を送る時にはジレンマに陥ります。私も父の最期がそうでした。ガンは若ければ若いほど痛みますもんな。あとわずかな命と宣告されておりながら、「痛み止めのモルヒネは、日に数回と決められておるから、打てないんだよ」と本人に言い聞かせながらも、心の中では「治るんならともかく、あとわずかな命なのに、ここで我慢をさせる理由がどこにあるんだ」と、葛藤ですばい。結局、看病する側は、何かしらの奇跡をわずかでも求めていますからね。それこそ、病人さんの立場でなく、こっちの感情での判断ですばい。病人さんは苦しくて、もう口をきく気力もないし、他力にまかせての治療だからね。

延命治療は本当に難しい問題ですね。自分がそのつらい立場になって初めてわかるんでしょうが。そうなった時、そのつらさを病気未経験者に伝えることはできませんもんな。実際、看病側のほうは痛んでないんだから。

誰にでも平等に訪れるこの試練の山……永遠の課題ですな。

百人百景、誰もが行き着く老後の話

そう言えば先日、ほのぼのとした老夫婦のケンカを目にしましたばい。檀家参りに行くと、待ってましたとばかりにじいちゃんが血相を変えて私に訴えかけてきたんですよ。

「これを見ちゃってんない」

で、持って来られたのが、五十センチほどの長さの厚紙で丸められた筒棒。

「なんね、これ」

「これでわしは毎日殴られとるんばい。チンタラ動こうもんなら、容赦《ようしゃ》なく母ちゃんにしばかれると」

なんでも七十歳過ぎたころから、立場が逆転し始めたとのこと。でもまあ、傍《はた》から見た時、亭主関白を押しつけるご主人の姿よりも、カカア天下のほうが見た目は何倍もいいですもんな。腕ずくでは絶対上であろう（最近はそうでもない？）はずのご主人が、頭ごなしに叱られて、シュンとしている姿は、実にいい。そのご主人の懐の深さと優しさを感じますな。

こんなこと言ったら女性から怒られるでしょうが、「良」き「娘」が、夫となる人の「家」に入って「嫁」となり、時間の流れとともに「鼻」につく「嬶《かかあ》」となり、晩年は「波」風立てる「婆」となる。思えば日本の漢字ってほんと、女性の本質を的確に表してますよね。……失礼しました。

先日、ある老人ホームの会長さんとお話をする機会がございました。そのホームでは年に一度、入所者とその家族の方に、さるお寺の住職を招いて法話を提供されているとのことでした。もちろん、従業員も同席にての催しです。

そのことについて意見を求められましたので、こう申し上げました。

「うちの檀家さんの中にも、老人ホームでお世話になっている方が数人おらっしゃいますが、みんな結構、満足できるホームにお世話になっているようですよ。ご飯も美味しいし、お世話してくれる人も優しいし、施設は清潔できれいだし、その点については、なんの不足もないそうですがね。……ただ、部屋で夜一人になった時、こみ上げてくる寂しさはどうしようもないものがあると、みんなそう言われておりますな。

うちの檀家さんにおいては、私が月に一度、ホームに仏壇参りにうかがっておりますのでご縁がいただけますが、ほとんどの入所者は、そうはいかんようですな。年に一度とは言わず、月に一度にされてみてはいかがですか。

もちろん、坊主の法話で心の隙間を埋めきることなど到底できませんよ。しかし、それでほんの少しでも担うことができたら、これはええことと思いますよ。私は葬式にうかがうたびに、お通夜、告別式と、必ず法話をさせてもらうんですが、特に弔問にいらしたお年寄りの方々を見ておりますと、けっこう飢えておられるように感じますよ、この手の法話に。

若いころにはそう感じていなかった『死』が、もう目の前ですからね。人には必ず最期の場所というものがあります。それが病院であったり、自宅であったり……老人ホームもその最期の場所となる場合がありますよね。その最期をご老人が迎えた時、『ここで最期を迎えられて幸せだった』と思っていただけるような方策を立てていくのも、老人ホーム側の大きな役目じゃないのかな、と思うんですよね。もちろん、考えられているとは思いますが。私どもお寺の存在価値も同じことです。安心して自分の供養をまかせられる、というお寺でないとですな」

「月に一度の法話ですか……もし、今後それをさせてもらうとしたら、何か気をつけなければならないことなどがありますか」

「そうですね。入所者が百人おらっしゃるとしたら、その方々の菩提寺の宗派は当然まちまちでしょ。一人二人の特定の人間にそのお役を与えず、真言、天台、浄土、真宗、日蓮、それにキリスト教、イスラム教などなど、あちこちのお坊さんたちにお声をかけてください。今日はうちの宗派のお坊さんが来てくれた、と親近感を持って喜ばれますから。探してみれば必ず、交通費程度で来ていただけるお坊さんが、きっとおられますよ」

私の祖母が最期を迎えた老人施設もそうでしたが、二十年前の当時も、「親を預けっぱなしで、何年も見舞いに来ん子供が何人もおる」と、中国から来られていたドクターが嘆いておられました。「今に見とれ、次は自分が同じ目に合わされるからな」とも。病院も老人ホームも、利用者の心根次第によっては、なってはならない「姥捨て山《うばすやま》」になることがありますもんな。ひんぱんに親のもとに訪問して来られとる人は、お世話をされておられるホームの方々がどれほど大変かを目の当たりに見ておられますから、文句なんて言う人はほとんどおられないようです。文句言ってくるのはだいたい、ホームを「姥捨て山」としか見ていない利用者たちですな。

それでも、文句言ってくるだけ、まだましかな。頭の片隅に多少なりとも親のことが入っているということですもんな。本来なら子供が世話をしなくちゃならんわが親を、お金を払って入所しているとはいえ、他人様におまかせしているんだから、せめてくさ、理不尽な文句だけは言わんようにせんとですな。

お寺の納骨堂も同じですばい。わが寺は納骨堂の永代契約を結ぶ際には施主側に、「うちの納骨堂は、いらんものを捨てさせる場所じゃない。何年もお参りに来んかったら、遺骨は突き返しまっせ」と厳しいことを言っておりますので、お参りに来ん子孫は一人もおらっしゃりませんが、以前そこまでやかましく言ってなかったころ、過去に二度だけ、何度注意してもほったらかす家族がおりましたんでね、「お寺は真剣に預かっているんです。預けるほうも真剣に預けんですか」と、お骨を突き返したことがありました。それが身にしみたんでしょうね。今ではひんぱんにお参りに来られておりますばい。

どんな心で来られているかは知らんですよ。「あの坊主は、うるさい。行っときゃ文句ないやろ」かもしれません。でもですな、人間の習慣というは面白いもんで、はじめは嫌々ながらでも、回数を重ねるにつれて、今度は足を運ばんかったら気になりだすんだよね。

老人ホームも病院も、数が間に合わず、待機されている方が山ほどおられるのが現状です。ならば、これは極論ですが、「姥捨て山」にするもんは即刻契約解除の処置を取りますよ、と厳しい態度でホーム側が臨んだら、もしかしたら、入所しとるおじいちゃんおばあちゃんに寂しい思いをさせんですむかもしれまっせんばい。

「子供叱るな来た道じゃ。年寄り嫌うな行く道じゃ」は、胆に銘じておかにゃならん言葉ですな。次は、あなたの番ですばい。

「生まれながら」を言い訳にして、ええんかな？

しかしまあ、人の世とは、なんとも思いどおりにはならんもんですな。少子化といわれるこの時代でも、子供が欲しい人には子供が授からず、欲しくない人には次から次に授かり、年間二十二万もの赤子が中絶されているという話を聞きます。

そこにもってこういう考え方は「ん？」と思われるかもしれませんが、中絶をされた赤子もまた、その子の寿命、かな。産んでもらえる母親に宿ることができず、産んでもらえない母親にぶち当たるのもまた、その子のご縁、なのかな。

だからと言ってくさ、親の身勝手を容認する心にはなりませんがね。いかなる理由があろうとも、自分は産んでもらっておきながら、わが子は闇から闇に葬り去ったんですから。後悔はされているでしょうけど、何か、やりきれんもんがありますよね。

私はこれまでに六百以上の葬式をさせていただき、それ以上の人の死に直面してきましたが、その結果自分なりにたどり着いた結論は、

「老若男女を問わず、人間は病気じゃ死なない、必ず寿命。この世の役目が終わった時が、旅立ちの日」

これですな。信じる信じないは抜きにして、あの世と言われるところには、地獄、極楽の世界があると言われてまっしゃろ、宗教宗派を問わずにね。仏教の地獄とか極楽ちゅうもんは、衆生《しゅじょう》にまっとうな人生を歩ませるために持ち出された浄土思想の方便ですが、ひとりひとりの生まれた状況に目を置いてみると、案外にこの地獄や極楽という存在、どうも軽視できないものがあるように思われますばい。

最近よく話題に出てくる「前世」というものが存在しないとするならば、人は「オギャー」と生まれた時が、「無」からのスタートということになりますわな。なればくさ。生まれたその瞬間、みな平等の環境でなければ納得できんですよね。ところが実際与えられた環境をながめてみると、立派な親、そうでない親、いきなり捨てられる子、命を奪われる子、裕福な家庭、そうでない家庭、平和な国、そうでない国、身体の丈夫な子、そう

でない子。……生まれたとたんに身に覚えのない地獄、極楽が待ち構えております。「俺がいったい何をした。生まれたばかりじゃ。まだ何も悪い事はしとらんぞ」と、文句の一つでも言いたくなりますよね。

そう考えてみたら、この命は本当に今初めてもらった命なのかなと疑問を持つと同時に、この世にある地獄や極楽の世界が、死後の世界にも待っとりゃせんか、と不安に思えてきますよね。そこでくさ、「人の生き方」ちゅうもんが問われてくるんですばい。

関連話といったらなんですが、以前、大阪市長の橋下徹さんの慰安婦問題への発言が世間を騒がせましたな。別に擁護するつもりはありませんが、橋下さんは当時者からみて孫の代の人間。つまりご本人が実際に関わった出来事ではないですよね。七十年経った今日にこの話が残っていなければ、口に出す必要なんてなかった問題です。

一般家庭においても、まわりは憶測で「あの親の子だから、孫だから、必ず同じ過ちをやりよるばい」と、いわれなきレッテルを貼る。やったらやったで、「ほら見たことか。あの親の子だから同じことをやりおったわい」と、世間の目はそんなもんです。だからこそ、先に生まれた者はその生き方に責任を持たなきゃいけないんですよな。本来無関係であるはずの新たな命の環境に、多大な影響を与えよりますからね。

しかし現在において、この国の人たちを見ると、総じて時間や約束は律義に守るし、正直だし、温情は篤《あつ》いし、多少治安の問題は出てきたとはいえ、昼夜を問わず女性が一人安心して歩くことのできる、世界に誇れる安全な国ですばい。何かこう、実に残念ですな。このままにしとったら、この先また何十年も、わが子孫にこの問題を背負わせることになる。それじゃいかんと橋下さんは声を上げられたんじゃないのかな。あくまでも私個人の憶測ですよ。この国の将来を憂いての発言だったと信じたいですね。

何にせよですたい。世相の流れに逆らって生きることは容易なこっちゃない。人は元来、矢面《やおもて》に立ちたくないから、多数派意見に流されやすいもんです。しかし、歴史をふりかえってみると、世の中を変えてきた引き金はいつの世でも、少数意見側の勇気ある行動。

環境問題にしてもしかりです。私自身、毎月仕事で五千キロもの距離を、排気ガスをまき散らしながら車を走らせてますもんな。ほうぼうに不満を言える立場じゃない。味噌もくそもいっしょにしてはあきまへんな。本来目を向けにゃならんところがぶれまっせ。

人には誰しも少なからず、本音と建前がありまっしゃろ。本来はそうであろうと思っていても、人の顔色を常に気にしながら行動を取りよります。火の粉をかぶりたくないからですな。表面では同調するような事を言いながら、裏では平気で批判を口にしよります。嘘をつく行為もまたいっしょですばい。

しかし、人の口には戸は立たないし、後々必ず結果として表れてくるから、嘘も陰口も、必ずいつかは相手の耳に入ります。応戦してこないからといって、相手にばれてないと安易に思わないほうがいいかもね。陰口を言われた側が、「まあ……いいか」とケンカを買わないだけかもしれん。瀬戸物同士だと、ぶつかれば必ず割れますからね。

考えてみたら、人に口がなかったらどれだけ罪を作らずにすむんでしょうかな。仏教では「身口意《しんくい》の三業《さんごう》」という言葉があります。わが宗は香炉に線香を三本立てますが、それは人が日々、体と口と心で罪を作って生きていることから、その懺悔《ざんげ》の意味で仏様にお供えさせてもらっておるんですな。「すんまっせん。ご勘弁を」とね。

いずれにせよですたい。戦争に勝った国も負けた国も、その犠牲となったさまざまな尊い命の土台の上に、今の私たちの生活が成り立っていることを忘れてはいけませんよね。人は、「自分は幸せだ」と感じる時には、必ず誰かがそれを維持するために犠牲となって支えてくれてはります。その最たるものが、親子、夫婦関係かな。

まあこの橋下さん問題は別儀として、生まれた時点の地獄、極楽ですが、十年後、二十後の先まで、そのままの環境とは限りませんわね。人の環境は努力によってどうとでも変化をしまっせ。苦しい環境の中からけっこう多くの成功者が出とりましゃろ。

また逆に、西郷隆盛はんが「子孫のために財を残さず」と言って警鐘を鳴らされたように、裕福な家庭の子孫が、案外に出来の悪いケースをよく耳にします。努力せんでも飯が食えますからな。これはむしろ、裕福に生まれたことが実はハンデだった、というケースといえるかもしれませんな。

離婚問題にしてもそうです。「結婚は人生の墓場」と、誰に責任を転嫁しているのか知りまっせんが、この言葉もよく耳にしますよね。自分自身で墓場にしとって何を言うてまんのや、ですな。離婚問題に限らず、何度も同じ失敗をくりかえす人を見てみると、必ず相手の批判ばっかりしとります。自分が変わろうとしない、反省の心がないから、たとえ幾度相手が変わろうとも、また数年経てば同じ環境を作り出していきよりますもんな。

人は自分が作り上げた環境の中でしか暮らしていけませんからね。さあ、人のあらばかり探しまわることは止めまっしょ。いかなる答えもすべて、わが足元に転がっとりまっせ。

自分の決断に責任を、そして自信を持ちなされ

あいかわらずこの国は、あっちはこうじゃ、こっちはああじゃと言い合って、なかなかまとまってはくれませんな。

しかし考えてみたら、親子、兄弟、夫婦など血縁内の少数人数の問題でさえもまとめるのは難しいのに、一億人が相手ですからな。わが女房の姉妹なんか、外食先をただ決めるだけで、ああじゃこうじゃと一時間近くも迷っとりますばい。カレーが食べたかったら、迷わずカレーだべよ。カレーかパスタか迷ってるっちゅうことは、どっちでもいいから迷ってんだべ。

それでようやく食べる物が決まってもくさ、どの店に行くかで、さらに時間をかけなさる。そんな時に誰か一人、「ここに行くぞ」と決断できる人がおりさえすればねえ。

その昔、ある老僧が観音経《かんのんきょう》と華厳経《けごんきょう》を勉強したいと思ったんだそうですが、どう考えても両方手がける時間（寿命）がなさそうだ。迷ったあげくにお経の本を後ろにほたり投げて、遠くに飛んだほうを選んだそうな。これもひとつの手ですな。

まあしかし、何につけても、選択肢が多数あるということは、かえって迷う要因にはなりますわね。バスや電車でも、空席がそこしかなかったら迷わんでしょ。特に体が疲れてたり、病んでたりしてたら、隣の席にどんな人が座っていようと、そこに腰を下ろしまっしゃろ。空いている時のほうが、かえって迷いますもんな。どこに座ろうかなってね。

二千六百年前に儒教の孔子が、「修身《しゅうしん》、斉家《せいか》、治国《ちこく》、平天下《へいてんか》」と天下を平定するための教訓を示しはったでしょ。自分自身の心でさえもコントロールできんもんが、どうして家族をまとめることができますかいな。家族もようまとめきらんもんが、どうして国をまとめ、天下を平定なんてできますかいな、とね。……その通りですな。わが寺内においても特に僧侶さん方には、亡き父（金剛寺先代）がよく注意をしとりましたばい。

「自分の家庭も安穏《あんのん》にできんもんが、どの面下げて檀家さんに一家の安穏を説くんだい。

自分は酒に飲まれて醜態をさらしてるもんが、どの面下げて禁酒祈願を受けるんだい。異性関係にだらしないもんが、どの面下げて色情因縁を諫《いさ》めるんだい。人に言う前に、まずはお前さんが手本を示せよ、と人に言われるだい」

とね。これは、あらゆる方面の指導者と言われる人が、身を正しておかなきゃならん課題ですな。

手本を示すといえばくさ、わがばあ様はすごかったですね。すでに二十回忌もすませたほど、亡くなってから時間もたっておりますが、いまだにその生きざまが脳裏をよぎるほどです。私はばあ様に育ててもらったので、未だに心の中からその存在が消えません。感謝してるからですな、事あるごとに思い出すんですわ。

大正二年三月二十二日、海沿いの村で一番大きな庄屋の娘として生まれたばあ様ですが、四歳の時に両親がそろって他界したことで、隣村の大地主の家に里子に出されました。その後、その大地主の家の道楽息子であった長男、つまりわがじい様と結婚するはめになるんです。「はめ」って、失敗婚のように言っとりますが、おかげで私は命を流してもらえたんでじい様には感謝しとりますがね。この二人の夫婦話は、私の法話本『重いけど生きられる』に何話か書いておりますのでご参考に。笑いが欲しい人は、必見でっせ。変わってまっせ、この夫婦。

このばあ様、結婚後十九歳でわが父を出産し、昭和十二年に満州へ。土木建築の親方をしておったじい様を、鉄砲弾の下をかいくぐりながら副業の闇酒売りで支え、五人の子供を育て上げました。終戦を迎え帰国したのちは、じい様が立ち上げた会社や、突然お寺の住職になった父を陰で支え続けてきました。その過労がたたったのか六十歳の時、脳血栓を発症して左半身マヒになってしまいました。

一年一カ月の入院後、回復の兆しもなく退院。しかしそこからがすごかった。絶対動かんといわれた体で、お寺の本堂を這《は》ってお百度参りですわ。おかげで一年後には、退院直後は握力ゼロ、つまりまったく動かせなかった左手の握力も五まで戻し、足を引きずりながらとはいえ立って歩けるまで回復させました。まさに根性でんな。

そんなばあ様だから性格も当然きつい。私の家内もかなり鍛え上げられましたばい。わがばあ様に限らず昔の姑さん方は、なんもかんも自分ができたうえで指導してきますからね。「人生は自分で切り開いていくもの、他に頼ってはいかん」がモットーでしたな。

だからといって信仰心が薄かったわけではないですよ。お百度を踏んでいたことからわかるようにも、敬虔《けいけん》な仏教の篤信者です。ただ、自分の人生がうまくいかんことを「大殺《だいさっ》界《かい》」や「大厄《たいやく》」などのせいにするのをひどく嫌っていました。

「厄祓《やくばら》いをしてもらっても、暴飲暴食すれば病気になるのは当たり前じゃ。口養生《くちようじょう》もできんで神仏のせいにすな。自分で自分の人生を止めるような行いをしおってからに。努力をしようという心のない人間に限って、責任を自分以外のものに持っていく」

きつい口調でっしゃろ。物が不足していた時代を生き抜いてきた人は、やっぱり根性が座っておりまんな。

そういえばばあ様が他界して二年目に、夢に出てきてこう言われたんですよ。それも寂しそうな顔をしてね。

「こっちに来てすぐの時には、もういいぞ、というくらいお前たちはお墓参りに来てくれたが……最近はとんと足を運んでくれんようになったもんな」

先代住職でもあるわが父にこのことを話すと、夢とはいえ顔色が変わりよりましたばい。

事実だったからね。二人であわてておお墓参りに行きましたよ。「先祖は大事にせにゃならんですよ」と、常々偉そうに指導しておるお寺の人間が、このとおりですばい。いやはや、人には恥ずかしくて話せませんな。……話してますが。

ちなみにこのばあ様と添い遂げたじい様も、一筋縄ではいかんお人でした。

満州から帰国後、何万坪とあった土地をわずかなお金で手放しておりますが、その理由を本人は「男気」なんちゅう、わけのわからんことを言っておりました。今そこは数百軒の家が立ち並ぶ大きな団地になっております。その時手放しておらなんだら、その価値は数十億円ですばい。ばあ様はかなり晩年までそのことでじい様を責めておりましたがね。しかし、父と私は「よくぞ売ってくれた」とじい様を褒めておりました。もし、そんなお金があってんない、まちがいなく遊んで暮らしてますよ。働かんでも飯が食えるんだから。坊主にもなってないだろうし、おそらく充実感のない、「長者三代続かず」を絵に描いたような人生になっておったでしょうな。徳のない人間が大金をつかんだら、先は見えちょりますから。

ちなみに、先代である私の父は俗家に生まれて出家し、先々代に見込まれて当山を継いだので、じい様は坊主ではありません。そのこととは関係ないでしょうが、まあ娑婆っ気《しゃばけ》にあふれたお人で、「飲む・打つ・買う」の三拍子のうち、山本家は代々お酒が飲めないので除き、それ以外でしこたまばあ様を泣かせてきました。

しかし、だからといってばあ様を大事にしていなかったわけではないんです。たとえば買い物などに行った時、ばあ様に荷物を持たせている姿など見たことがありません。よく街中で、奥さんが両手にいっぱい荷物を持っているのに、夫の威厳をはき違えて、手ぶらで偉そうに歩いている姿を見ることがあるでしょ。亭主関白を装っているつもりが、傍から見たら褒められた姿ではないですな。「力のない人間に限って、偉そうな態度をとるもんだ」がじい様の口癖でしたね。わが父の回想によると、大戦中の満州時代は土建屋の親方として相当激しい性格だったようですが、生涯において、ばあ様に手を挙げたことなんて一度もなかったと聞いております。

さてと、これだけ書けばあの世のじい様も、本のネタにしたことを許してくれはりまっしゃろ。

お大師さんがくださった「学びへの縁」

西暦八百三十五年三月二十一日、今から千百八十年ほど前のことですが、高野山に真言宗を開かれた弘法大師空海さんが、生きたまま奥之院の岩陰にご入定なされたそうな。御歳六十二歳だったそうです。そして今でもお座りになっておられるということです。参拝されてない方は、一度は足を運んでんさい。なんとも言いがたい神秘的な趣がありますよ。特に奥之院は。

ちなみに「お大師さん」のお名前ですけんど、「大師は弘法に、関白は秀吉に、黄門は光圀に取られたり」という言葉がありますよね。その称号をいただいた人は何人もいるのに、代表的なひとりの代名詞みたいになっとるね、ちゅう意味ですが、「大師」の位をこの国で最初に与えられたのも、空海さんではなく、天台宗の慈覚《じかく》大師《だいし》円仁《えんにん》さんだったんだよね。弟子が与えられて師がもらってないのはいかがなもんかいなと、後に最澄さんが「伝教大師《でんぎょうだいし》」と授かったということですばい。空海さんにしても、最澄さんにしても、没後に与えられた位ですばい。お二人に地位欲があったわけじゃないんでしょうけんど、ほっとけないよね、お弟子さんたちとしては。

地位や名誉はその人の業績によるものだからね。親を超えるケースも、そりゃ時にはありまっしょうばい。しかし根本的には、子供は親を超えられんし、超えたらいけないよね。ちなみにあの小泉元総理も、生前のお母上にはまるで頭が上がらなかったとか。なんとも言いがたいほのぼのさを感じた覚えがあります。

この弘法大師さんが開いた真言宗の最も大事なお経さんが、「理趣経《りしゅきょう》」といわれるものです。内容を簡単に言えば（本当は簡単になんて言えないお経なんですがね）、「現実の欲をそのまま受け入れなっせ。その欲を超えられた時、本当の悟りが得られまっせ。自分の欲を認めてもらいたかったら、他人の欲も認めてやんなはれや。こだわり、偏りが視野を狭めまっせ」

……ということですかな。まあ詳しくは高野山でお聞きになってくだされ。

さて、お大師さんといえば、なんといっても四国八十八か所参りですわな。私どものお寺も年に一周の巡拝を始めてかれこれ二十年ほどになりますが、そりゃいろいろなご縁に遭いましたよ。

わがお寺も表参道には百三十段ほどの石段がありますが、そんな札所はざらですばい。ある年にはその長い石段を、お年を召された母親を背負って上がられている、どう見ても六十歳代の息子さんに出会いました。ちなみに石川啄木《いしかわたくぼく》さんがそのような歌を詠んでおりますが、後に身内の方が、「実際はそんな親孝行な息子じゃありませんでした」と暴露した時には、少々がっかりしましたな。おりますもんな、親が亡くなってから、きれいごとを言う人。本当の親孝行もんは、自分がしたことを自慢げに言いませんもんな。当たり前と思ってやっているからね。

他にも、後ろと前にお人形さんをおんぶ紐で縛って巡拝されている女性がおられました。おそらく子供さんを亡くされたお方なんでしょうね。それから、まったく目の見えないお方が、白い杖を持ってお一人で巡礼されておられたりね。そりゃ、さまざまですよ。四国に足を運ぶたんびにくさ、みんなそれぞれ何かを背負って生きてるんだな、と思い知らされます。

その巡拝の折、ある旅館で他の団体さんといっしょになった時に、風呂の中で二人の老齢男性の会話が耳に入ってきました。その一人の方が、飯がまずいだの、布団が臭いだの、従業員のサービスが悪いだの、あいつと同じ部屋は嫌だのといいよるわけです。「この人、何しにここに来てんだろ」と思って聞いていたその時、もう一人の方が、「セレブ旅行がしたいんなら、巡拝方法を変えられてみてはいかがですかな」と。いやあ、すっきりしましたな、この言葉には。

わがお寺でもですばい、この方のおっしゃったのと同じ意味合いから、「四国巡拝心得」を参拝者に提示しとります。前半後半（四月・十月）合わせて十一日間の行程ですからな。守り続けることは難しいとは思いますが、初めっから守る気がないんなら、他になんぼでもやりたか放題、言いたか放題しながら行ける巡拝方法がありますんで、そちらで行って下さいとやんわりお断りをします。その「心得」というものが以下のものです。

一、四国巡拝、高野山参拝は観光旅行にあらず、大恩受けしお大師様への御礼報謝と心得て、何事においても感謝の心を忘れぬように努めましょう。
二、いかなる不都合がわが身に振りかかってこようとも、これすべてお大師様からの試練事と受け取り、いっさい不平不満の心を抱かぬよう努めましょう。
三、巡拝は団体行動により、身勝手な振る舞いや言動は慎み、部内外を問わず、人との和を乱さぬよう心掛けましょう。特に、酒、煙草は、自宅を出て、自宅に帰るまで厳禁。車中長時間により、その臭いから気分を悪くされる方（病人）がおられます。
四、ご縁事はこれすべて一期一会《いちごいちえ》といただき、特に宿坊（札所、高野山）における勤行時のご先祖回向は、進んで積ませていただきましょう。
五、上記心得を真摯《しんし》に受け止め、宗祖上人の御教に基づき、信仰者としてあるべき姿を保ちつつ、楽しく、有意義な巡拝となるように努めましょう。

どうです。厳しいですか。でもくさ、こんなご縁でもなければ、なかなかに自分に強制をかけるようなことはしないでしょ。たった十一日だもんね。我慢できんことはないよね。

四国巡拝はもともと、お大師さんの修行の追体験です。千二百年前は、道もなく、宿もなく、食事すら満足に取れずの行程。それが今では、車にも乗せてもらえるし、泊めてもらえる宿までもある。考えてみたら至れり尽くせりですな。これ以上何を不平不満を言うことがありますかいな。

おっと、読者の中には「なんだ、車遍路かい」と思われた方もおられたでしょうな。いやいや、車であっても大変な方もおられるんです。わが寺の巡拝でも、その時の同行者の中に必ず一人は、今現在において生き死にの間にある方がおられます。その姿は必死ですよ。残された時間がないからね。私たち健康な者にはわからない境地です。

そうした理由からですかな。四国のタクシーの運転手さんの中には、歩き遍路が一番ぜいたくだと言われる方もおらっしゃいます。

考えてみなはれ。まず、全行程千四百キロの距離を歩ける体を持っているということ。四十日間前後の時間が取れ、その間の宿泊を含んだ遍路費用が出せるということ。「よかよ」と言って、快く送り出してくれる家族がいるということ。この条件が整わなければ、実行に移せないのが、歩き遍路というもんじゃと。でも、まあ、しかしですばい。それはそれとして、やっぱりすごいと思うよ。千四百キロ歩くんだもんね。……私にゃ、無理かな。

お大師さんがおっしゃいました。「生まれ生まれ生まれ生まれて生のはじめに暗く、死に死に死に死んで死の終わりに冥《くら》し」とね。五分先の命の約束さえも、もらえてないのが私たちです。結局、見えているようで、何も見えとらんのですもんな、私たちは。

そう考えたら、必要のないこだわりを、背負って歩む時間なんてないですよね。

第三章

こだわることは悪くない。
こだわるところを
見直しませんか。

当たり前こそ、一番ありがたい

いきなりでなんですが、私は女房殿を大事にせんご主人は、どうも……ですな。考えてみたらですよ。女性は誰しも、相当の覚悟を決めて結婚に踏み切ってくるんです。自分の親も捨て、家も捨て、仕事のキャリアまでも捨て、なんもかんも捨てて、全人生を夫となる人に賭けてくるんです。それ相当の期待を抱きながらですな。この対処如何《いかん》によっては夫婦円満や、家庭円満までもが根底から崩れ堕ちていきます。大事にせにゃならんもんは、大事にせにゃならんのです。特に両家の親はですな、差をつけるなんてのは、もってのほかです。

「あの嫁《こ》は、いい嫁《こ》だぞ。大事にしてやれよ」

これはさんざん女房（ばあ様）を泣かせてきたじじい様が、他界する五時間前に私の女房殿のことを評価した言葉です。

明治、大正、昭和にかけては、家父長制度ど真ん中の時代。長男を床の間に置いて神様のように大事に育ててきた時代。その結果、特に長男はとんでもないわがままが育ちあがってきました。そのころの奥さん方は、大変だったでしょうな。言いたいことも言えず、ただただ「我慢」の二字で夫に仕えるだけ。よって、怒りを外に発散できず、ため込むことによって起こるといわれる病気、いわゆる「膵炎《すいえん》」は、女性特有の病気でしたもんな。世のご主人さん方は、考えてあげなきゃだめですばい。絶対にだめだよ、奥さんを所有物あつかいしちゃ。まあ最近は、夫婦によっちゃ立場が逆転しとる場合もありますがね。

膵炎といえば先日ですばい。関東から六十過ぎのご夫婦がご相談に来らっしゃいました。三十五歳の娘さんを亡くされたそうで、その亡くなり方とその後がですな……。

恋愛結婚だったそうですが、娘さんが思い描いていた生活とは程遠く、ご主人は仕事でほとんど日本におらず、おまけに嫁姑問題等々で膵炎を患い手術をされたそうです。しかし術後どうしてもこの老夫婦は出かけなければならない用事ができ、気になりながらも娘さんを置いて二日ほど関東を離れたその間に、心不全で亡くなられたそうなんです。帰ってマンションを訪ねたら、そこには娘さんの変わり果てた姿です。ただでさえ逆縁はつらいのにですな。昔のお坊さんが縁起のいい言葉として、「祖父母死、父母死、子死、孫死」と言いよりました。「死」が四つも続いて何がよかかとお思いでしょうが、この順番が狂うほどつらいもんはないですもんな。

それから二年、泣き続けていた時に私の本に出会ったそうです。相談というよりも、心を静めてもらいたかったようです。かける言葉は難しいですが、私はこう話しました。

「もし、霊魂が存在するとしたらですよ。親に先立っただけでも娘さんはつらいだろうに、二年もの間、親の涙を見続けさせられた娘さんは、もっとかわいそうですよ。これ以上娘さんにつらい思いをさせたらだめだよ。供養にならないですよ」

昔から「先祖はんが今、どんな心でおらっしゃるかが知りたいなら、自分の顔を鏡で見てごらん。そこに先祖はんの心が映っとりまっせ」と言われとります。先祖は心に宿っておると言われとりますからね。

ところがこの供養の話が出たことで、もうひとつの話題が持ち上がりました。亡くなって二年も経つのに、まだ娘さんの遺骨が嫁ぎ先の家の中に放置されているというんですな。年忌法要の知らせもないし、どうもほったらかされている様子だと。それも親としてなんとも切ないということなんです。当然でしょうな。

私は「連れて戻られたらどうですか」と提案しました。子供も授かられてないということだし、二年間涙が乾かないことを理由に、「私たちの心を救って下さい。一度遺骨を預からせて下さい」と、願い出てみられてはどうですかと。先方がこの娘さんを本当に供養する気があるなら、その後引き取りにやって来まっしゃろ。もし来なかったら、そのままご両親が供養してあげればいいことですから。

この話をうかがいながら、自分自身に当てはめさせられました。私は今は金剛寺の住職をさせてもらってはおりますが、この世を旅立てばただの金剛寺の檀家です。考えたら自分の遺骨を納める場所がある、菩提を弔《とむら》ってくれるお寺や子孫がある、これを当たり前だと思っておりましたが、世の中にはそうでない人が山ほどおられるんでしょうな。

当たり前といえば、父の晩年の姿も思い出されます。人はうんこ、しっこが出て当たり前、ご飯が食べられて当たり前、眠ることができて当たり前と、そう思っておりますが、この当たり前ができなくなることこそが、人にとっては最大の苦しみですもんな。今一度、この当たり前に目を向けて、感謝せにゃなと、あらためて考えさせられましたばい。

「三つ子の魂百まで」という言葉がありまっしゃろ。うちのじい様も家父長時代の申し子でございまして、そりゃ、大変でおましたで、最期まで。そんで、私の兄の誕生日にこの世を立ちました。一年三百六十五日もあるのに、なんでわざわざその日に。「お前たち、忘れんなよ」ちゅうことでしょうかな。けっこう聞きますよ、こんなケースは。

まあ、じい様の大変は言いあげればきりがないのですが、平成二年四月一日、亡くなる一カ月前のことです。ひんぱんに意味もなくこけていたじい様が気になって、無理やり入院させたんですよ。ご老人がこけだしたら脳血管の異常が考えられますからね。

ところがこれが大変でした。じい様は若い時から気が荒く、喧嘩太郎で、戦時中満州に渡り、向こうの方を二百人ほど雇って土建の親方をしておりました。元国会議員の「ハマコーさん」を想像してみてください。容姿から気性までそっくりです。

なのに死ぬことへの恐怖だけは異常で、「なんでお寺におるのに、死なないかんとや」が口癖でしたな。病院でも検査のたんびに暴れて、押さえつけるのに一苦労でしたばい。エレベーターで病室のある四階に上がると、ドアが開いた瞬間にじいさんの怒鳴り声が階中に響きわたっとりましたな。そんなこっちゃから、当然大部屋なんてとこには入られません。一番はじの個室が指定部屋です。部屋の入り口まで来て怒鳴り声の内容を聞いておりますと、遠方にいるわが子（私の叔父叔母）に恨みつらみの電話ですばい。「孫は日に四回も五回も見舞いに来とんのに、お前たちはなんや。家に火つけるぞ」昼夜を問わず、病院の四階すべてに響き渡るような声で、電話の向こうのわが子への怒鳴り節ですばい。

……いやいや、「家に火つけるぞ」ってあなた、わが子の家燃やしてどないすんねん。いったいその発想、どこ押しゃ出てくるんでしょうかね。まったく、困ったもんです。まあしかし、じい様の気持ちもわからんこともなかったんだよね、結局のところ寂しかったんですよな。

こんなことがありましてね。いきなり病室のドアを開けて、「じいさん、どこに電話し

とるんや」と言うたら、すごい機敏な動作で受話器を置くと、何食わぬ顔で、

「何もしとらん」

と一言だけですばい。「頭隠して尻隠さず」じゃないんだから、あれだけ四十里四方に響きわたる声で怒鳴りあげてんだもん。聞こえんわけないじゃん。シラを切るところがまた、なんとも憎めないいんだよな。「患者さんらに迷惑がかかるから」と、ひとしきり怒りあげて病室を出るんですが、出たとたんにまた、ジーコジーコとダイヤルを回す音がして、「貴様ら……」ですたい。いやはやでしたな。

私はその怒鳴り声を聞きながら、「いやいや、四回も五回もって、あんたが暴れにゃそんなに来んばい。看護師さんたちの『なんとかして』っちゅう悲痛な呼び出しがあったから行ってただけでね」とため息です。じい様の常日頃を知らないおじ達は、「あれは普通じゃないぞ。何か祟《たた》っとりゃせんか」とあわてふためくばかりで。今思い出せばですよ、ほんと滑稽でしたな。もちろん当時は大変でしたがね。

まあ、お寺の家庭といってもこの程度ですよ。人間模様はどこもいっしょ、背負うものは変わらんですばい。

変なこだわりは、人生をつまらなくしまっせ

春のお彼岸も過ぎ、肌寒さも心地よい時節となると、いつも思い出すことがあります。平成六年に亡くなった祖母のことです。生きていたならとっくに百歳を超えてますかな。わが寺の檀家の中にも百歳近いご老人が何人かおらっしゃいますが、その年齢って、いったいどんな境地なんでしょうかね。考えたら、そこに立たなければわからないことって、世の中たくさんありそうですな。

たとえば、親の心なんかもそのひとつですばいね。自分が育てて初めてほんの少しわかりますもんね。育てられた経験しかない者には、なかなかにわからない境地ですな。

まあ、しかしですよ。同じお年寄りでも女性陣はたくましい。じい様が亡くなった瞬間

に、「これからが、わしの人生じゃ」と、ばあ様たちは確実に十歳は若返りよりますからね。片や、じい様のほうはといえばですたい。いばれる相手がいなくなっちゃうからかな。数年内に後を追いかける人がなぜか多い。男性のほうが、寂しんぼちゃんなんだろうね。

私のばあ様もそうでした。お葬式の間は泣いておったくせに、なんもかんも終わって親戚一党が帰った瞬間に、「迎えに来られちゃ、かなわん」と、じい様の写真をすべて片付けよりました。いやはやですばい。それでいて、時折思い出したかのように、「じい様は、わしを迎えに来るんを忘れとりゃせんか」と文句を言ってはりました。やっぱりものが違うよね。私はとうに満年齢で五十を過ぎましたが、不思議とこの歳まで、気の弱い女性に出会う縁がありませんでしたな。気の弱い男性には、しこたま出会ってきましたが。

夢と言えば、じい様の思い出もあります。やはり、亡くなってすぐのころです。夜中に横で寝ていた女房殿が、突然すっくと起き上がり、「パパ、じいちゃんがさんまが食べたいって言ってる」そう言うと、またこてんと寝てもうた。朝になってたずねてみると、まったく覚えてないらしい。

父にこのことを話すと、「さんまを供えてやれ」と。「いいんかい」と聞き返すと、「檀家さんたちが見たら、なんじゃそりゃと思うだろうが、誰が見ているわけでもないからな。さんまが好きだったもんな、じいさん。きっと喜ぶぞ」

仏壇には臭いのきついものはお供えしないのが常識です。ネギやニンニクもそう。だけど、いいと思いませんか。この世に生きていた時と同じようにあつかってあげるって、ね。「仏壇にお茶や果物やご飯などをお供えする必要はない」というお坊さんもけっこうおらっしゃるばってんが、自分は喉が渇いたら、お茶を飲むんでしょうにね。

たとえば、子供がお菓子を買ってきて、いきなりバリバリ破って食べようとしよる。「おい、自分ばっかり食べずに、まずじいちゃんとばあちゃんにお供えをしたらどうだ」と親が叱る。子供は、「わかった」とお供えをして手を合わせる。この行為で子供には、「施す」という心が宿るんですばい。けっこう大きいですよ。手を合わせて頭を下げる仏壇が、ある家とない家との差はですな。そこに霊魂があるとか、ないとか、そんなことは問題ではありまっせんばい。感謝の心を形に表すことができる対象物が、そこにあるということが重要なんですな。

お葬式もまた、しかりです。子孫に限らず、故人にお世話になったすべてのゆかりある人のために行うもんですばい。だから、誰もかれもがお礼の挨拶に来れるわけではない家族葬や密葬なんてもんは、なるべくしないほうがいいと、私はそう思いますがね。

人は目に見える対象物がないと、案外に心を向けまっせんもんな。手渡される品物には大いに感謝をするけんど、目に見えない空気の恩や、親の愛情なんかにはなかなか感謝の心を向けまっせんもんな。かといって、いらんこだわりだけは持ちよります。「験《げん》をかつぐ」という行為がまさにそれですばい。それについて、次のような話があります。

岡山藩初代藩主だった池田光政《いけだみつまさ》という殿さんがいました。曾祖父がフキ畑で討ち死にしたことから、いっさいフキを口にしていなかったそうですが、それに対して近臣の儒者が、一言苦言を呈したそうです。

「殿はよかったですな。もしご先祖様が田んぼで討ち死にをされておったなら、今頃は餓え死にされておりますでしょう」

名君といわれた光政公が、この言葉で心を入れ替えたことは言うまでもないことです。

また、こんな話もありますばい。父親を海の事故で亡くした息子が、親と同じく漁師になったそうな。近所のご老人が、「父親を海で亡くし、海の怖さを嫌っというほどわかっているはずのお前さんが、なんでまた、その怖い海に出ようとするんじゃ」とたずねると、息子はその問いに対しこう返したそうです。

「じい様の親は、どこで亡くなったんかい」

「わしの親父は家の布団の上じゃ」

「じゃ、何ゆえじい様は、毎日毎日、父親が死んだ怖い布団の上で寝てるんだい」

……まったく同感ですな。これを屁理屈と受けとったらだめですよ。


たまにですがね。土地を買って家を建てようとしている人が、「この土地、因縁的に悪くないですか。変な死に方をした人がおる土地じゃないですかね」とたずねてきます。

知らんがな、過去のことなんて。数万年も前から人は、「生まれたら、死ぬ」をくりかえしてきちょんのにくさ。人が死んでない土地なんかあるもんですかいな、こんな狭い国なのに。

みなさんは、京都にしても、東京にしても、お寺さんがやたらに多いと思ったことがありませんか。それはですな、戦が多かった土地は当然、多くの人が命を落とされておらっしゃります。亡くなる人が出たら回向《えこう》をしてやらにゃならん。回向するにはお寺が必要でっしゃろ。だからあんなに多く建っとるんですばい。人間がこの世からあの世に逝くには必ず何かしらの原因が必要。その原因に対していちいち気にしていたら、特に京都や東京の人たちはどうすんの。そんなこと言ってたら、住むとこなんてどこにもおまへんで。

さて、四月八日は仏教を開かれたお釈迦さんのお生まれになった日といわれとります。釈尊は根本的に現実主義者。「自分がしてきたことだけが結果」（因果応報）と教えを説かれとります。過去のことをとやかく言ったって、どげんこげんもできんもんね。反省は必要だけど。こだわり、偏りから人はみんな、自分の道を狭めていきよります。

ここは一番、自分の心にたずねて、こだわるところを変えてみませんか。必ず開けまっせ、わが道が。

固定観念の上手な捨て方

仏教の三大行事といえば、お釈迦様がお亡くなりになられた二月十五日の「涅槃会《ねはんえ》」。お悟りを開かれた十二月八日の「成道会《じょうどうえ》」。それにお生まれになられた四月八日の「降誕会《ごうたんえ》」、通称「花まつり」といわれるものがあります。仏教寺院ならば、せめて住職だけでも、この三大縁日はきちんと勤めないといかんですな。

わが息子がまだ高校生のころ、たまにこんなことを言っておりました。

「お釈迦さんは、現実主義者だから好きだな。最近の信仰ときたら、先祖が祟っとるとか、浮かばれてないから子孫の生活に影響があるだとか、そんな確固たる証拠も出せないことを平気で言って、人を引きつけている話をよく耳にするけど、それが百歩譲って本当の話だとしてもだよ。昔の先祖さんがやったことを、今さら子孫にどう処理しろというんだろうね。その点お釈迦さんはスマートだよね」

と。我が息子ながらなかなか言いよるばい、と胸の内でほほえんでおりましたらば、息子がさらに言います。

「特に賓頭盧《びんずる》さんとのやりとりは最高だね」と。

お釈迦さんの在世時、十六羅漢（釈尊弟子）の筆頭に、賓頭盧といわれる神通力の優れたお弟子さんがおらっしゃいましてね。ほら、お寺さんにお参りに行くと、本堂の入口に赤い姿をされて座っている仏さんがおられまっしゃろ。「なでぼとけ」としても有名ですが。あれが賓頭盧さんです。あの姿は一説には、人々の前でやたらに神通力を使うので、「人前で神通力を使うことはならん。そんな力の存在を知れば、人は努力をせんようになる」と、お釈迦さんにしこたま怒られたため、恥ずかしくて赤くなった姿だとか。もう一説には、お酒が大好きで、隠れて飲んだくれていたのをお釈迦さんに見つかって怒られたためだとか。どっちにしてもくさ。人間味あふれる話だと思いませんか。頭から湯気を出して怒っておらっしゃるお釈迦さんの姿を想像するだけで、何か遠い存在でないものを感じて、ね。……いやあ、いいですな。

息子はどの資料を読んで、お釈迦さんをそう理解したのかは知りませんが、まあ何にしても若い人たちに、説明のできない不思議信仰観を説いても、芯から心を動かしてはくれないでしょうね。

大事なのは、お釈迦さんの話によく出てくる「真理」と言われるものですばい。二千五百年もの間、仏教が存続できておるのは、時代や人が移り変わろうとも、この「真理」をしっかりと説いてきているからでしょうな。

この真理のミソとはつまり、「因果応報」です。原因があっての結果ということですな。人の悪口を言えば嫌われる。子供は育てただけしか育ってない。浮気をすれば家庭は崩れる。暴飲暴食は病気になる。「いやいや、それは」と、いかに否定しても揺るぎない事実（真理）は変えようがないですもんね。神仏に願ってどうにかなるという問題ではありません。そうならないような強い心を授かるために信仰があるんですからな。空気や、親の心や、先祖に流してもらった命など、目に見えないものに感謝ができるようになるのは、こうした土台が築き上がった先のことですばい。

信仰観の薄い若い人たちに手を合わせてもらおうと思うなら、私たち坊さんは、「先祖の供養をすれば幸せになるよ」とか、「お百度参りをすれば願いがかなうよ」などといった根拠を表せない抽象的な言い回しは止めてくさ、「子育てはこういうふうにやればいいかもよ」とか、「嫁姑問題はこう考えてみれば」とか、「結婚をするということはこういうことなんだよ」などの現実的な問題を、仏教の教えを基盤としながらもあからさまに表に出さずに、具体的な解決へと導くことが大事だと思うんですよね。

もちろん、眼に見えないものに感謝ができる人を育てることは必要不可欠です。しかし、若い人たちは現実問題、今を生きていかなければいけませんからな。花より団子ですよ。酸いも甘いも経験された中年以降の人に説くようなわけにはいきませんばい。その手助けをするのが信仰といわれるものじゃないのかな。これがいわゆる、人の心の成長に応じて法を説く対機説法と言われるものですばい。これは子育てをする親も、身につけておかなければならない手法ですな。

さて、不肖私めは四月十二日の生まれでござんすが、旧暦新暦の違いはあれ、この日は武田信玄公の命日にも当たります。ちなみに「信玄」という名前について少し説明をしておきましょう。「信玄」とは実は僧名なんですな。本名は「晴信《はるのぶ》」と言います。臨済宗の岐秀元伯《きしゅうげんぱく》というお坊さんから名付けてもらったそうですが、正式法名は「法性院《ほっしょういん》機山信玄《きざんしんげん》」、つまり戒名といわれるものです。

「生きてるうちから戒名？」と思われましたかな。戒名というのは、「亡くなった人に送る称号」ではありません。仏弟子としての名前なんですばい。亡くなった人が地獄に落ちずにすむように、死に際に仏教に帰依《きえ》したという形にして、「この者、駆け込みではございますが仏弟子ですので、地獄の閻魔《えんま》様、どうぞお手柔らかに」っちゅうことで、仏式の葬式では戒名をお付けするんですばい。

信玄公がなんでわざわざ元気なうちから僧名を名乗ったかといえば、説は色々ありますが、戦において敵味方関係なく、亡くなった人たちの回向のために僧侶になったという説が、個人的には一番好きですな。戦国時代の武将は、まあ全ての人がそうだったとは言えないでしょうが、世の中を鎮めるという大義名分を掲げての戦だったでしょうからね。不本意であろうと人を殺めることへの懺悔の意味もあったんだと思いますばい。

今の時代においてもくさ、大勢に批判されても将来のため、あえて悪名を背負ってがんばっとられる人、結構いるよね。人の評価を気にしていたら、何も動けないもんね。そんな役目を担ってる皆さん、あなたがあきらめたら終わりですばい。きばりまっしょ。

因果応報の真理は、信玄公のエピソードの中にも見えます。

出陣前にあの「風林火山」の旗に、平和の象徴であるハトが留まった時、家来が威勢の声を上げたそうです。「これで、この戦は大勝利じゃ」と。

それを見た信玄公は弓矢を手に取り、ハトを射殺して家来に言ったそうな。

「このたびはハトが留まったからよかったが、もしカラスが止まったら、負け戦にでもなると言うつもりか」と。

そのとおりじゃね。迷信で自分の人生を決めつけるのは、いかがなもんかいなと思いますな。

こう言うとたまに屁理屈こきが、こんなことを言ってきます。「現実主義と言わっしゃるが、じゃ、お釈迦さんのあの逸話はどう説明するんですかい」と。

あの逸話とは、色とりどりの花が咲き誇るルンビニーの園で、お生まれになってすぐに七歩東に歩まれて、右手を上に左手を下に向けて、「天上天下唯我独尊（天の上にも天の下にも私一人が尊い）」と言われたといわれるものです。

ここで勘違いされては困るんですが、お釈迦さんは自分一人だけが尊い存在とおっしゃったわけではありまっせんばい。自分にたとえられて、「人間は生まれや育ちにかかわらず、みな平等に尊い」という意味でおっしゃられたんです。いくらなんでも生まれたばかりの赤ちゃんが、七歩も東に歩んでそんな言葉しゃべったりできまっかいな。人間は経験と体験の中からしか、智恵も知識も技もつかないんだから。この話は、後のお弟子さんたちが、それほど尊いお方だったと比喩で表されただけですばい。噛みつくところが違いまっせ。わかってるくせに、何か一言言いたいんでしょうな。

先日テレビを見ておりましたら、高校生がお茶を注ぐ急須に水を入れて直接コンロの火にかけたとのこと。ペットボトルでしかお茶を飲まないので、お茶の淹《い》れ方を知らないんですな。こんな高校生、結構な確率でいるそうですばい。子供は基本、家庭の中で育っていきます。面倒くさがらないで、親はしっかりと子供を育てましょうね。

「常識のほうが間違っている」と思ったこと、ありますか？

人間の生活習慣なんてもんはですたい、何千年も昔から、根本的には何も変わっとらんと思いませんか。朝起きて、くそたれて、昼働いて、日が暮れたら家に帰って、お酒でもかっ食らって、あとは寝るだけ。

文明の進歩かなんか知りまっせんが、よくよく考えてみたらくさ、ただ単に使う道具が変わってきだけのように思えるんですよね。

若い人たちは、昔からその時代その時代においてお年寄り方に、「その考え方は、もう古い。今では通用しない」と豪語してきとりますよね、誰しもが、順送りに。

しかしですばい。通用せんと言わっしゃりますが、中国では一万年前、日本でも六千年前の人が作り出してくれたお米や野菜を、今でも食べさせてもらってるじゃん。これってどうなの。

温故知新《おんこちしん》（古きを温ねて、新しきを知る）の意味深さを老若ともに、ないがしろにしてはいけないような気がしますな。歴史はそれ自体が、くりかえされてきとりますからね。

そうするとですたい。人の悩みなんかも、そんなに時代で大差はないんじゃないのかな。その克服方法もね。イソップ物語の「アリとキリギリス」ですばい。夏遊べば、冬はつらい思いをする。一生懸命悩みに立ち向かった人にしかもらえない境地は、変わらんと思いますな。

わがお寺は、ご本尊がお不動さんだからですかな、案外にご祈願事を頼みに来る人が多いんですよね。しかし本来、わが宗のお上人さんの主なる教えは、「ご先祖代々菩提が醍醐《だいご》」ですからね。「その根枯らして、枝葉の栄えはなし」が本分の菩提寺なんです。

相談に来られる人の半分は、信仰の「はしご」をされてきた人たちです。この世に、悩みを持っていない人なんかは誰もいまっせん。片付けやすい問題はそれこそサッサと片付けていきますが、片付けにくい問題からは目を背けるため、いつまでたっても残っとります。しかし、それがあんまりにも負担になってきたら、自分が動かんでも片付けてくれる神さんや仏さん、どっかにおらんかいなと、あちこち「はしご」ですばい。……そんな都合のええもん、おりまっかいな。

今日やっておかなきゃならん仕事を、やりたくないもんだから、

「お不動さん、お賽銭をはずみますから、どうか明日朝までに片付けておくんなまし」

いやはや、もうなんて言ったらいいんですかね。そんなご祈願、仏さんによう取り次げますかいな。

私たち坊主は、その人が目を背けている問題に、目を向けさせるように指導することが役目。それだけなんですがね。

先日もですね。両方の両親から結婚を反対されているという若い二人が訪ねて来まして、

「私たち結婚してもいいですか。しないほうがいいですか」と、こうですばい。

「おたくさん方、ちょっとお聞きしますがな。私がこの結婚はしないほうがいいよと、もし言ったらくさ、あなたたちは本当にあきらめるんですかいな。……どうなの」

「………」

「二人そろってここに来たということは、結婚したいから来たんじゃろ。責任を他に転嫁するようなことはしなさんな。相性がいいといって結婚して、すぐに別れたもんはなんぼでもおるばい。相性が悪いからやめろとまわりから反対されても貫いて、最期まで添い遂げたもんもなんぼでもおらっしゃる。相談する内容を変えなはれ」

だいたいですな。娘さんを下さいと来た相手に対して、「持ってけ」と二つ返事で了解する親がどこにおりまっかいな。どんなに親の眼鏡《めがね》にかなった男性でも一度は断りまっせ。「この親は、厳しい。大事にせんとしばかれる」と相手に思わせることで、嫁いだ先の娘を守ることができますからな。それ以外に娘を守ってやる手段は、親にはないんですばい。嫁ぎ先にはついていけないんだから。今、国家間問題で話題になってる「抑止力」ちゅうやつですよ。

そうそう、そう言えば先日ですね。人の欲をおちょくった面白いお坊さんの法話を耳にしましたよ。その方はインド人の住職さんで、ずいぶん出て来らっしゃるのに時間をかけておりましたんでね。何か仕掛けてくるなとは予想はしておりましたが……。

「長いことお待たせましたな。それでみなさん、待ってる間、しっかり願いをかけて、一生懸命お参りをされておりましたかな?……なんですか。こんなに時間があったのにみなさん方は、ただボーッと待ってたんですか。お参りもせずに、出てくるのが遅いと文句たらたら言って、十円、百円のお賽銭をほうっただけで。困ったもんだ。そんなんで願いが山ほどかなうお寺がどっかにあるんなら、教えてください。私が行く」

これは、久々にヒット法話でしたね。仏はんも「よう言うてくれた」とストレスも落ちたんじゃなかろうか。

考えたら人生なんて、あっという間ですね。私もあと二十回も正月を迎えたら、父親が他界した年齢ですばい。いたずらに無駄な時間を過ごす暇なんぞありまっせんわな。

そして子供も日一日と育っております。末の息子が高校三年だったある日、こんな話を振ってきました。

「父さん、今日は成道《じょうどう》の日(お釈迦さんが悟りを得られた日)だけど、もうひとつあるよね」

「……真珠湾か」

そう、その日は十二月八日でした。

「山本五十六《やまもといそろく》さんは、敵国から命を狙われるのはわかるけど、日本の中においてもその身はあぶなかったんでしょ。どうしてそうなったの」

「五十六さんについては、いろんな評価があるからな。その時代にいたわけじゃないから、その是非を決めつけるわけにはいかんがな、まあ往々にして出る杭は打たれるし、出過ぎた杭は抜かれるし、空気を動かすもんは嫌われるもんな。しかし、誰かが動かんことには物事は前には進まんだろ」

空気感が話題になったところで、息子の学校のことに水を向けてみました。

「ところでさ、授業が終わったら放課後に掃除があるんだろう。その時、何人真剣に掃除しとるや」

「そうだね。……数人かな」

「そうだろうな。その数人が動いてくれてるから、きれいになってんだろ。先生も目は節穴じゃないから、その子らをほめるわな。ほめられてるその子らを見て、掃除してないもんがやっかんで文句を言いよろ」

「うん」

「世の中は動かんもんに限って文句を言うもんだよ。十八歳にもなって、誰かがするだろうと怠けとる人間は、心を切り替えなけりゃ三十歳になっても四十歳になっても、誰かがするだろうの人生を歩んどりゃせんかな。五十六さんにしても、大阪の橋下さんにしても、リスクを背負ってまでも動いている人は、成功、不成功にかかわらず、人生の最期を迎えた時、それなりに納得してこの世を終われるんじゃないのかな」


年の瀬を迎えた時には、「今年は充実した年だった」と言えるようにしておきたいもんですね。毎年同じことを言っとる気もしますが。

「定め」を前に、腐るか光るかは自分しだい

先日、私の法話の本（前著『重いけど生きられる』）を読まれたという、関西地区で会社を経営されているという社長さんが、お礼といって北九州の当寺までわざわざお供えを持って来られました。直接お話しはできませんでしたが、嬉しいことにこの本が何かのお役に立ったんでしょうかね。

人は心からありがたいと思ったら、少々の距離でも遠くないんですね。遠いと思うのは心の持ちようであって、距離の問題ではないんですね。日々反省です。

毎年七月になると、遠方の大学に行っている子供たちに朝早くメールを打ちます。

「平成十五年七月八日午後三時三十五分、じいちゃん他界。今ある生活は全てお寺を残し

てくれたじいちゃんのおかげ。九州に向かって般若心経一巻唱えよ」

その日の朝、私はホスピス（人の最期を待つ病院）にいました。父の目はすでに朦朧《もうろう》としており、息は切迫呼吸に入っていました。

午前十一時過ぎ、午後にお寺でご供養があるので私が席を立とうとすると、担当医が言いました。

「親の死に目に会えませんぞ」

私は迷わず答えました。

「大丈夫。私が戻ってくるまで父は逝きゃせんです」

もちろんこの言葉には、なんの根拠もありませんよ。「親が死んだくらいで仕事を休むな」と遺言代わりに言われた父の言葉に従ったまでです。

ご供養をすませて病院に戻ると、父は私を待ってくれていたかのようにこの世を去っていきました。それは偶然だったかもしれませんが、私はそう思いたいですね。

「やっと楽になったね。御苦労さん。今日だけは休んでいいよ。ただし今日だけ。明日から手伝ってくれよ。じゃないと、お寺がつぶれるぞ」

これが亡くなっていった父に、最初に語りかけた言葉です。本心から言いましたばい。だって、母親のお腹に入って二カ月目から、最期に目を閉じて数時間まで、人の耳は聞こえておるという話ですからね。みなさんも亡くなった方の横で、間違っても醜い財産争いなんてせんようにね。聞こえてまっせ。

「天下を取ることは難しい。しかし、天下を守り続けることはもっと難しい。お寺も同じことだ」

家康公の言葉を引用して、父はたびたび私に言って聞かせておりましたな。口に出したからには、責任もって手伝ってもらわんとね。親へのご恩返しと、親の子育ては、この世に姿あるなしにかかわらず、子供が死ぬまで。これもあなたの死後の世界、ですな。順送り、順送り。

しかし、今思い返すと父の旅立ち前後には、少々残念なこともありました。檀家さんの口をついて出てきた言葉です。もちろん一部の人ですがね。

「あれだけの住職でも、ガンで苦しんで死ぬんですか。なんだか、信仰する意味が揺らいできますよね」

これと同じ言葉を信者さんに投げかけられたのが、江戸時代中期の禅僧・良寛《りょうかん》さんでした。良寛さんは辞世の句で、「人生は楽ありゃ苦あり、そして行き着くところは同じだよ」という意味をこめ、

「裏を見せ　表を見せて　散るもみじ」

と残されたそうな。

曹洞宗永平寺《えいへいじ》の開祖・道元《どうげん》さんは晩年、皮膚ガンで苦しまれたと聞いております。お釈迦様にしても、口に入れてはならんとわかっていながら、その食材を弟子の口に入れさせないため食され、上から下から血を流し、それが原因で命を落とされたといいます。

人間は必ず死にます。この世からあの世に逝くには、何かしらの原因が必要です。その原因は人それぞれ。死ぬまでは生きておかなきゃいけませんもんな。大切なのは死にざまではありませんよ。生きざまですばい。見とりますからね、子孫が。


こういう話をしますと、若い方から、「寿命」とか「定め」とか「因縁因果」なんても

の、本当にあるんですか、なんてよく問われます。

本心は信じたくはないんだろうけど、やっぱり気になるんでしょうかね。人生、なんでか知らんが、つらいことが多すぎるもんね。ひょっとしたら、そうなんかな。なんてね。

私はこの問いに、こう答えます。

「あるよ。ただし、そればっかりにこだわったら、だめ。自分の人生がうまくいかんのは、なんでもかんでも自分以外の要因によるものと責任を転嫁して、自分のやってきたことは棚の上にほたり上げて、人を恨んだり、先祖を失礼にも祟りの対象にあつかったりして、つらい努力から目をそむけようとするからだね。そりゃ、そう考えたほうがその場だけは楽になるもんね。しかし、それじゃあなんの解決にもならんよね」

だけどね。実際にあるんだよな、人には定めといわれるものが。それじゃ、わかりやすい例をひとつあげてみましょうか。

今ここにいる私の立場は、私が築き上げてきたもの。何十年の歩みの結果が今ここに出ているにすぎん。その作り上げた環境の中に、ある日わが子が生まれてくるわけです。

赤子はこの世の中で何も悪いことはしてない、一歩も歩いていない。本来ならば、その出生はみな平等な環境でなくてはならないものでしょ。

ところが実際は、お金持ちの家に生まれるもの、生活が苦しい家に生まれるものがいる。立派な両親のところに生まれるもの、とんでもない両親のところに生まれて、捨てられたり命を奪われたりもするものがある。ほれほれ、生まれてきたとたんに、いきなり親の因果が子に報うてるじゃん。

これがいわゆる「定め」といわれるものですばい。ところがこの定め、二十年後、三十年後もそのままかといえば、そうじゃないんだな、これが。人の努力如何によって、どうとでも変えることができるんだよね。ありがたいことにね。

「こんな親にはならんぞ」と、自分の親を反面教師として立派な家庭を築きあげている子供は、世の中にはあまたとおられますばい。そしたら今度はその親が、牛にひかれて善光寺ってなもんで、子供の生き方からわが人生を見つめなおしたという例も多いですよ。実際、わが寺の檀家さんにも二、三例はありますね。

立て直しは、誰が基軸になってやっても構わんですもんな。「人は生まれを問うな、育ちを問え」と言われたお釈迦さんの言葉は、非常に重いですね。

「定め」はいきなりやってきます。交通事故のようにね。考えてみたら、いきなりやってくるものは全て「定め」じゃないかな。「もしあの時、あの場所を通らなければ」と、後から思うのはよくあること。しかしその時はそんな事故に遭遇しようとは思ってもなかったでしょ。結構ありますよ、逃げられないもの。これから先もね。

あとは自分の生き方の結果かな。特に、今の自分の立場に不服を抱いている人。十年後に今の自分を待たせていたいんなら、現在の生活を何一つ変えず、努力なんてせにゃいい。そしたら、間違いなく今の自分が十年後に待ってくれてますよ。

「そんなの嫌じゃ」と思うなら、今の現実をしっかりと受け入れて、歩み方を見直していくしかないでしょうね。

人生には「力の入れ時、入れどころ」ってものがあるんばい

いやしかしまあ、なんですたいね。人間っていうのは、ほんっとに面白いでんな。おのが目が外向きについているからですかね。自己防衛のためには、人のあらを探し出すのはうまいし、善悪の判断は自分の物差しが基準だし、さらにくさ、恥ずかしいことに、地球上で唯一ウソをつく生き物ときたもんだ。困ったもんだね。

ということでこのたびは、分別、無分別というもんを、ほんの少しだけ考えてみましょうかね。

お寺でのお参りは、回向法要や祈願法要、加えて報恩講など、縁日といわれるもんがさまざまにあるんですが、その法会《ほうえ》の形というのはですな、導師がいて、その横で教頭とい

われるお坊さんがお経の流れをリードしていくんですが、たまにですばい、唱える数をまちがえることもあるんだよね。まあ、ほとんどの参拝者は一生懸命お唱えをされているから、ひとつやふたつ多かろうが少なかろうがわからないのが普通なんだけど、中には「ねえ、ねえ、般若心経一巻多かったよね」とか、「お念仏、百八唱えるところ、百二だったよ」とかね。おいおい、いちいち数えよったんかい。ちゃうでしょ、心の向けどころが。

またある時は、供養の最中、一生懸命お念仏をお唱えしているおばあちゃんのお尻のほうから「プー」と乾いた音が。まあ、しゃあないわね。長い間使ってきた体だもん。ゆるむところはゆるむくさ。ところがですたい。その後ろで頭を下げてお参りをしていた方が、すっくと頭を持ち上げ、あたりをキョロキョロと。「おいおい、犯人捜してどないすんねん」てなもんです。

さて、このふたつの話で、分別、無分別がなんとなく見えてきましたか。

何、わかりづらい？　それじゃ、もういっちょいってみましょうかね。

この話はある本で見たんですが、どこぞかの幼稚園で、四歳の男の子二人がケンカをおっ始めたそうな。そこに六歳の年長のお兄ちゃんがやってきて、「おい、それだけケンカしたら、もう気がすんだろう。あとは仲良くしろ」と一言。すばらしいと思いませんか。大岡越前、遠山の金さんばりのお裁きでっせ。

えっ、どういうことかって？

いやね。もし、このケンカの仲裁が先生だったら、こうはいかないんだよな。残念なんだけど。まず、二人を離して、ケンカの原因を問いただしはじめまっしゃろ。それも先生の主観と物差しで測りながら、是非の判断をつけようとしますわな。それも無理やりね。しかし、四歳の子供が自分の言い分を正しく言えるはずがないわね。相手の悪口を言っておしまいでしょ。火に油を注ぐだけですばい。いつまでたっても、二人のケンカはおさまりませんわな。

ところが、この六歳のお兄ちゃんが放った「もう気がすんだろう。ケンカをやめろ」の一言で、「わかった。仲良くする」と冷静さを取り戻した四歳の男の子たちは、すぐにお互い自分の非を認めて謝りあったそうですばい。

もう、おわかりでしょ。「今ここで、無理やり善悪を決める必要があるんですかい」ということです。この六歳のお兄ちゃんは、まだ生まれてたったの六年。いらんこだわりがないから素直な判断ができただけ。

「三つ子になりなさい。赤子になりなさい」

わが宗のお上人さんがそう言われた意味は、まあ、こういうことでしょうな。「おたくさん。こだわるとこが、違ってまっせ」ってね。これがいわゆる、「無分別」。夫婦、兄弟ゲンカを含むすべての争いは、これを参考にすればいいかもよ。言いたいこと言いあって、あとはスパっとね。

新幹線の車内から京都の桂川を横目で見ながら、たった四百五十年足らず前にこの地で、それこそ悩んで悩んで悩みぬいた武将がいたんだよなと、通り過ぎるたんびにいつも思わされとります。

天正十年六月二日早暁。桂川のほとりで、一人の侍大将が迷っちょった。考えぬいたあげくに彼——明智光秀公は、

「敵は、本能寺にあり」

中国道に背を向けて京都へ進軍した。

鬨《とき》の声を聞きつけた森蘭丸が寺の周囲を確認。織田信長公のもとへ。

「謀反人は誰ぞ」

「旗印《はたじるし》は水色《みずいろ》桔《き》梗《きょう》にて、惟任《これとう》日向守《ひゅうがのかみ》にございます」

「……光秀か」

「何故に、殿のお命を」

この一言で信長公が放った言葉が、

「是非《ぜひ》に及ばず」

今、光秀の善悪を問うてどうするや。そんなことは、あとあと。わしらは殺されかけておるんだぜ、ということでしょう。これもまた、無分別の世界ですな。

この年の年四月三日は、山梨県にある恵林寺《えりんじ》（武田家菩提寺）がその信長公によって焼き討ちをされた日。信長公の敵、六角義弼《ろっかくよしすけ》さんをかくまったことで山門に火をかけられ、老若合わせて百五十人あまりの寺僧が焼き殺されたげな。その時にあわてず騒がず、座禅を組んで辞世の句を詠んだ僧が、当時の恵林寺住職、快川《かいせん》紹《じょう》喜《き》という人ですばい。

「安禅は必ずしも山水を用いず、心頭滅却すれば火も自《おの》ずから涼し」

これはつまりですたい。心の安らぎを得るために、お寺にこもったり、山にこもったり、海や川などの静寂地を求めんでも、こだわりを捨てた境地に至れば、火さえも涼しいと感じれるようになりまっせということ。この辞世はやせ我慢だったという説もありますが、そんなねじくれた物の見方はしたくないわね。その環境に置かれ、覚悟を決めて焼き殺された坊さんたちに対して、あまりにも失礼だよね。これもまた、無分別の世界ですな。

ちなみに、明智さんと快川さんはなんとともに美濃国《みののくに》の土岐氏《ときし》の出身（土岐氏滅亡後、美濃は斎藤道三《さいとうどうさん》が支配）で、本能寺の変の一因は、この恵林寺焼き討ちにあるという説もあるんだとか。本当のところはどうだったんだろうね。人の心の内は、なかなかにね。

高野山では、奥之院に向かう一の橋から中の橋までの間の参道脇道に、光秀公のお墓があります。腹の部分は墓石が縦に割れたまま。「主君殺しの大罪のゆえに、何度入れ替えても割れてしまう」と伝えられちょりますが、実は初めから割れた石を使ったとのこと。

高野山をも焼き打ちの標的にしていた信長公を光秀公が討ったわけで、いわば真言宗にとっては大恩人。ほんとは立派なものを建てたかったんだろうけど。秀吉公の手前、そうでもしないと供養塔が建てられなかったんでしょうね。

「ああしたい、こうしたい」という必要以上のこだわりを捨てさえすれば、工夫ひとつで何とでもなりそうですね。万事何にしてもね。

わが宗も高野山とは浅からぬご縁。つまり、私たちにとっても光秀公は大恩人にあたる方かな。そう考えてみると、感謝の心を向けなきゃならん対象はいっぱいありそうですね。

時空を超えて支えられているご縁に、ちょこっとでいいから目を向けてみませんか。

第四章

わが子に親が残してやれるのは、なんじゃろな。

楽して見つかる「自分らしさ」なんて、どこにもなかぞ

「一月は行く、二月は逃げる、三月は去る」、と小気味よい流れ言葉で昔から言われとりますが、ほんまでんな。うかうかしてたら今年も、「あっ」という間に終わりまっせ。

さて、この時期になったら、卒業だの、入学だの、就職だのと、新天地に向けての行動があわただしくなってきよりますが、この時点に来るとですたい、人それぞれの人間模様が見られるようになりますよね。将来の希望にあふれている人、反省を余儀なくされる人……。しかしその根底にはどうも、今日までの子に対する親の姿勢がかなりの影響を及ぼしておるように思われますな。私も子育てをしてきた時期はもうずいぶんと昔になりますが、講演会やらなんやらかんやらで、学校関係にお邪魔させてもらう機会は、今でも多々あります。そんで思うことは、当時から学校の状況、特に保護者の姿勢は、それほど変

わってないようだな、ということですばい。

学校で授業参観が開かれても、それに参加する保護者は全体の半分以下、その後に企画されてある子供たちの発表会などに残る保護者に至っては、ごく少数。どうしても外されん仕事や用件なんかもあるんでしょうが……あかんですわな。親が子供の通う学校に感心を深めていこうという姿勢なくして、子供たちに一方的に、「しっかり勉強しなさい」は、ないわね。

ホームページに法話を載せる際に、お読みいただいた方の固定観念を再確認する意味でひっかけ問題を提供させてもらうこともあるんですが、この時もみごとに向学心のあるなしの姿勢が結果に出てきよりましたな。まったく無関心な人、はじめっから無理とあきらめる人、誤字を入れたと教える前から「住職さん、仕掛けたな」と気付かれた人、何時間も辞書を片手に見つけ出すまで取り組んだ人……かなりご年輩のご老人が、お孫さんといっしょにクイズのごとく楽しんだという話も聞きました。ここでもまた、先に生まれた人の姿勢の有り様が浮き彫りとなりました。

これはですな、答えが見つけ出せたか出せんかったかは、それほど重要なことではないんですよね。人間ちゅうもんは基本、今が楽だったら、今が幸せだったら、今ご飯が食べれたら、必要以上の努力をしようとせんもんです。そこでこの向学心ってもんを持てるかどうかが、のちのち大きな差となっていくんですよね。

読書をする親の元で育った子供は読書をします。嘘をつく親の元で育った子供は平気で嘘をつくようになります。金遣いの荒い親の元で育った子供は、自然と金遣いが荒くなりますもんな。子供たちを取り巻く環境、親や学校、社会全体が作り上げる環境をながめた時、どうも由々《ゆゆ》しき問題があるように思われますな。先日もびっくらこいたんですが、最近は中学校の運動会で応援合戦をしない所があるんですってね。その理由がくさ、近所の人が「うるさい」と文句を言ってくるがために、仕方なく中止にしておるんですと。ご自分が子育てをしている最中は、声張り上げて応援してたんじゃなかとですかいな。世の中、ここまできたかい、と驚嘆させられましたよ。

そんな中でも特に、子供の人格形成はまちがいなく家庭の中で育っていきますから、親の姿勢が与える影響は、計りしれんもんがありますばい。

ある中学校の三年生に講演をと、依頼を受け出向いたんですが、やはりそこでも授業参観後の生徒の発表会に残られた保護者はごくわずか。これじゃ、子供のやる気も削《そ》がれますわな。一生懸命がんばって取り組んでもくさ、親が興味を示さないんですからな。

私はその時、「命について」という題目をいただいていたのですが、与えられた時間は四十分。この時間でそんな大事な話ができるかい、それについてはホームページ法話を家で親と見なさいとコピーを手渡し、現実的な話を投げかけました。

――君たちはもうすぐ高校受験だが、高校に入ってもわずか三年で社会に出ていかないかん。わかってるかい。三年なんてね、すぐだよ。

ここの中学校ではどうか知らんけど、今世間では、「子供がかわいそうだから」と、運動会で順番を決めるなとか、成績表を貼り出すなとか、親が学校側に文句を言ってくるもんだから、そうしているところが多いと聞くんだけど、とんでもない話だよな。

君たちな、社会に出たら、いやが上にも競争社会が待ってんだ。学生時代に切磋琢磨して、少しでも免疫をつけておかんと大変なことになる。

「これはしたくない」「ああ、せんでいいよ」
「これは食べたくない」「ああ、食べんでいいよ」
と、我慢をさせずに育てられてきた子供が、いきなり競争社会に出ていくもんだから、一年ももたずに会社を辞める若者が急増していると、おじさんの耳に入ってきとる――。

こんな調子でいきなりガツーンと言われたもんですから、かったるそうな顔をしていた子供たちも、「この坊さんは何を言い出すんだ」という目でこっちを見てきよりました。こうなりゃしめたもの。いわゆる「つかみはＯＫ」というやつですばい。

――いい大学を出たって、その大学の名前が通じるのは一瞬のこと、あとは実力の世界。会社に利益をもたらさない人に給料をくれるお人よしの社長さんなど、どこにもいないよ。会社がつぶれたら元も子もないからね。また将来、人の先頭に立ってひっぱっていこうと考えている子がこの中にも当然いるだろう。そんな子は特に、自分が思っとる以上の試練や努力を自分に課さなきゃだめだよ。

勉強は当然のこと、知識、知恵がなきゃ、それなりの人とのつきあいはできない。「自分にとってはこの人から得るものはもう何もない」と思われたら、その人は君たちから自然と離れていきます。より上の人とのご縁を求めるなら、どこまでも向学心や向上心を持っていなけりゃ、絶対にだめ。

それに加え、人の上に立つからにはそれなりのリスクも伴う。社会的に地位や名誉のある人は、人としての作法がきちんとできて当たり前なんだ。五十年間、世のため人のため力を尽くしてきた人が、たったの一度の失敗をしただけでいきなり地の底に落とされる。人間なんだから魔が差すことだってある……なんてのが通じるもんじゃないんだな、社会ってのは。

もしそんなリスクを負いたくないんなら、はじめからその地位を望まんことだね。高額な給料をもらい、尊敬され、人よりも上級の暮らしをさせてもらってんだ、人の目が厳しくなるのは当然のことやろ？　人が遊んでる時に勉強し、努力をしてきた結果に得られた環境なのに、それが一瞬で失われるなんて、なーんや納得できんなと不満に思ってもくさ、それが君たちが将来生きていかないかん社会というもの。最初から不条理にできとるんも

ん は、仕方なかばい。

自分自身のことだけじゃないよ。わが子がやらかしたことで親がその職を奪われることだってある。テレビや新聞にその例がいっぱい出とるやろ。だからこそ、子育てが大事になってくるんだよ。人間世界は自分一人で生きてるんじゃない。網の目のようにからみあってんだな、これが——。

中学生なんてのは特に、自我が芽生え育ってくる時期です。そこをほたっといたら、ともすれば「俺が、私が」となりかねませんばい。だからこそこの時期に、「自分一人でなんでもできると思うなよ」としっかり言ってあげる、これが大事。鉄を熱いうちに打ちなはれ、てなわけですな。

そして、こんな言葉でその講演を締めました。

「だから君らはこういったことを、学生時代に少しでも経験し、勉強しておかないかん。一度あることは二度ある。二度あることは三度ある。反省しなきゃもっとある、ということを知らなきゃだめばい。学生時代の失敗は、まだ取り返しがきくからね。

今日おじさんが話した内容に理解できないとこがあったなら、君たちの親か、先生にたずねてごらん。詳しく説明してくれると思うよ」

講演が終わって校庭に出ると、そこへ子供たちが何人も寄ってきました。彼らの話しかけてきた内容を聞いて、子供たちの理解力と、そしてまだ生きる意欲を失っていないことに、心から安堵《あんど》させられました。

考えたらくさ、私たちも七歳、八歳のころから、親の顔色を見て生活し、わかっていても口を出さずに、親に気を使って暮らしてきましたもんな。自分の経験があるにもかかわらず、わが子を一方的に子供あつかいしちゃ、あきまへんばい。

人はそれぞれに夢を持って歩く。努力をすれば、その願いは多かれ少なかれ、かなう。ただ、絶対にできないことは、他人の人生を歩むこと。

子供たちよ、自分を見つめよう。

子育ては「決めつけ」より「試行錯誤」で行きまっしょい

一月十四日は先代（わが父）の誕生日なんですが、七十三歳でこの世を去ってから、もう干支も一回り。今日までよく、お寺をつぶさんでこれたもんだと、自分でも感心しております。

父との思い出は、そりゃ数えきれんほどありますがね、中でも特に印象深いのは、誕生日のプレゼントが、豊臣秀吉公の伝記本だったことですかな。六歳の子供にですばい。これがきっかけで歴史物が大好きになり、小学六年までには歴史物の他にも、島崎藤村、森鷗外、夏目漱石など、有名どころはほとんど読破しましたな。内容がわかろうが、わかるまいが、ですな。

特に、志賀直哉はんの「和解」は共感を覚えましたね。似ておるんですよ、私と先代の親子関係にね。短編小説だから読みやすいので、一読を推薦します。

「勉強なんか、やってもやらんでもそう変わらんから、やりたくないなら、やらんでもいいよ」――という親が、たまにおられまっしゃろ。数学なんか、特別な職業以外は、算数程度で事足りますばい、とね。

だけんどくさ、脳は使わないと活性化しないんだけどな。それに脳だけは死ぬまで衰えないというから、いろんな意味で鍛えたほうがいいと思うんだけどね。

教育ママゴンの過度の方針を見て、「私はあんなふうには、絶対なりたくない」と、意地から偏った考えになった方もおられるようで。たしかに、勉強の時間を維持するために、至れり尽くせりで何もさせんかったあげくの果てに、勉強だけはできるけど、協調性が養われてないから社会に出た時に順応できず、就職しても二、三カ月で辞めていく若者が多いとか。結果、高学歴ニートの誕生ですばい。

「親が子供を大人に育てて社会に送り出してきてないから、まず会社は、子育てから始めにゃいかん」

以前、社長さん方の集まりでの講演を頼まれた時、どの社長さんも溜め息つきながらぼやかれてましたばい。本来ならば、会社側はそんな社員はいらんのだろうけど、何せ兵隊がおらんと企業は成り立たんしですな。頭の痛い話でござると。

もちろん、そんな若者ばかりじゃないですよ。そんなんばっかりだったら、この国はとっくの昔につぶれてますばい。でもそれも悩みの種でね。今度は仕事のできる若者に仕事が集中し、これを放置してうつ病だのといった心の病に追い込んどる会社も少なくないとか。現に、金剛寺の檀家の若者（女性）の一人は三年もの間ほとんど休みをもらえず、夜中の二時、三時まで働かされておりましたもんな。この子はなんとか根性でもちましたが、結局は取り返しのつかんことになる前に会社を去りました。社長は「残ってくれ」とこの子に嘆願したようです。仕事ができるから当然だよね。ならもっと前に会社側は、なんらかの対応をすべきだったんじゃないのかな。勝手な都合でいい人材をつぶしちゃだめだよね。

天台宗開祖、伝教大師最澄さんは、「一隅《いちぐう》を照らす、これすなわち国宝なり」とおっしゃいましたばい。この言葉にはいろんな意味が含まれとりますが、要は、「人は国の宝」

ということ。宝は大事にせにゃ、ですな。

テレビで見た話ですが、同じ時期にこれと同様の話で、ある会社の男性社員（若者）が精神疾患に陥り、企業を相手に訴訟を起こし、企業側の敗訴判決が出ました。この手の問題について、会社側が襟《えり》を正すよいきっかけとなったんじゃないのかな。この若者は数年たってもまだ精神疾患に苦しんでいると、報道では言っておりました。気の毒だよね。

でも、こんなふうに「社会に出れば出たで、まわりに押しつぶされる」、だから「勉強なんて、どうでもいい」っていう考え方はあかんですわな。人間は段階的に身につけた知識と知恵を羅針盤として、人生を歩いて行くことになりますからな。知識も知恵も経験も、豊富であることにこしたことはないですよね。最低限、生活する上で必要不可欠である読み書き計算などができんとなるとですばい、当然社会に順応していくことは難しくなっていくでしょうからね。基礎があってはじめて、応用が利いてくるんですもんな。子供に地図（知識や知恵）も持たせずに、知らない土地（社会）に放り出すつもりですかいな、ということですばい。たしかに無知の状態で放り出してもくさ、「親はなくとも、子は育つ」

というように、苦労しながらでも知らない土地を、時間をかけて、人は散策していくんでしょうが、いらん危難や過ちに陥るおそれも大きいよね。

私の小中時代の友人の中にも、檀家さんの子供の中にもいました、高校を中退し、親に反抗し、世間に迷惑をかけ続けてきたもんがね。そのうちの何人かは現在、立ち直って会社経営をしております。経営するからには、それなりの資格を取らなあかん。学生時代勉強をさぼっておったがために、相当苦労をしたみたいですよ。彼らは「もっと早くに、勉強の大切さに気づいていればよかった」と言ってますばい。

遅かれ早かれ、結局勉強はせにゃあかん。特に上に立つ人は、その知識と知恵が人をひっぱっていく原動力となりますからな。人生に行きづまった時、あの手でなければこの手と、手を変え品を変え奇策をひねり出していくのも、人生で培った知識と知恵があればこそです。そんなトップじゃなかったら、部下も安心してついていけませんよね。そう考えたらくさ、親は、せめて最低限の地図（基礎知識）ぐらいは持たせて、子供の背中を押してあげましょうや。親のせめてもの役目でっせ。

最近は、両極端の親が多すぎる気がします。先ほど述べた企業の対応も同じ。お釈迦さんが、「どちらにも偏ったらあかんよ」と、中道を説かれた意味がようわかりますばい。

先日も、中学生になった男の子が、学校にも世間にも迷惑をかけて困っていると、母親が泣きながらお寺へ来らっしゃいました。ご自分が良かれと思ってやってきた子育ての方針が、そうはいかなかったんでしょうな。気の毒だとは思うけど、結果がそう回答を出しております。何せ子供は、育てただけしか育ってませんからね。

もしこれが「私は仕事も子育ても、できうる範囲で一生懸命してきたんです。ここまでやってきた結果がこれなら、仕方がないじゃありませんか。坊さん、あんた何も知らんで偉そうに言うな」と開き直るんなら、「そうですか」と答えるしかないですがね。しかし、泣いて愚痴をこぼすんなら、これまでを見つめなおしていくしかないでしょうな。

しばしば親は、忙しいことを盾に、知らず知らずのうちに育児放棄をしている場合があるんですよな。もちろん本人の自覚なしにですよ。

しかし、親が忙しかろうがなんだろうが、子育てっちゅうんは、待ったなしです。蒔かない種は芽は出んが、見当違いの種蒔きも良い芽は出んですもんな。

「どうしたらいいんでしょうか」

「自分が正しいと思ってやってきた結果でこうなったんなら、いっそのこと、真逆の子育てをしてみたらどうですかいな」

これはいわば、母親自身に対しての荒療治《あらりょうじ》ですばい。

「どれぐらいの時間がかかりますか」

「五年かけて子供の心を閉じさせたんなら、五年かけて開かせていくしかないでしょうな。いったん失った親の信用を取り戻すには、ある程度の時間はかかりますばい」

子育ては、親の主観をどれだけ抑えられるかが「鍵」ですばい。今一度、「子供は、親の所有物ではない」ということを胆に銘じておきましょう、ね。

「気づかせてあげる」という知恵

本書の前作にあたる本『重いけど生きられる』を出させていただいてからこっち、さまざまな方々から、この上なきお力添えを賜りました。
中でも一番嬉しかったことは、私の本やホームページの法話を見られて、数名ではありますが、「自殺を思いとどまった」というご連絡をいただいたことです。金剛寺ゆかりの檀家さん以外の方にも、ネットや本という手段を通じて、微力ながらでも、どなたかのお役に立つことができるんですな。超アナログ人間で、直接対応だけが布教と決めつけていた私にとっては、本当に目からウロコのご縁でした。

さてですたい。私が毎月一日におうかがいしております会社の、ある重役さんから聞きましたお話をご紹介させていただきましょうかね。

このお方のお話によりますと、以前におらっしゃった会社では、「一年の計は元旦にあり」ということから、従業員ひとりひとり全員に一年間の目標を立てさせるため、年始に各人に百個ずつ、今年気をつけようと思っていることを書かせていたそうなんですわ。

「それは名案ですね。そんな指示が出されたら、人は書き上げれば書き上げるほど、知らず知らずに自身の懺悔文に仕上がっていきますもんね」

「そうなんですよ。それも面白いことに、表現は違うんですが、百個書いたうち十個ほど、同じ意味合いのものが出てくるんですよ」

「なるほど。それがその人にとって、今年一番の目標にせにゃならんものか。なんとまあ、すばらしい方法を考え出しましたね」

これにはほとほと感心しましたな。みなさんも「こりゃ使える。真似しよ」と思いませんでしたか?

法話という形式もこれによく似ておるんですな。法話は不特定多数に語りかけるでしょ。だから個人的な指摘になってないわけです。すると案外素直に、自分に当てはめて受け入れてくれるんですよね。個別に痛いところを突いてあげるよりもね。

人に注意をされて腹が立った時は、まあたいていは身に覚えがあるからなんですな。人に言われて「ムカッ」ときたら、まずはわが身を冷静にふりかえってみることですね。

また、この方の言われる方法は、管理職の方々にとっても使えます。部下が出した百個の注意点を、個人的な指導の参考材料にするわけです。人間は経験と体験の中からしか知恵も知識もつかないし、問題点も頭に浮かび上がってきませんもんな。


最近はわがお寺にも、社会に出て「うつ病」になったと、心のケアを求めて来られる方がかなり増えてきたんですよ。別の法話でも言いましたが、子供は育てただけしか育っていません。「これをしなさい、あれをしなさい」と与えられて育ってきた子供たちです。親は子供に自分で問題提起をさせ、解決に取り組む生活をさせてきてないからね。そりゃ、社会に出たら親は助けてやれんから、子供は当然てんぱります。

「うつ病」にしてもですたい。心の許容範囲は人それぞれ。人によって背負える荷物の数はだいたい決まってますな。それを越えたらアウトですばい。「この問題は、今すぐやらんでもいいよ」と、たったひとつ問題を取り除いてやるだけで「うつ病」は案外に避けられるもんですよ。逃げ道を与えてやるということも時には必要なんですな。

管理職は従業員の心の管理までしてはじめて管理職ですがな。しかし、「納得できんな。そんなことまでかい」と不平に思われる上司の方も、あまたにおらっしゃるでしょう。かく言う私もそう思います。「九九を知らんで、三角関数は解けんじゃろ。自主トレもせんで、キャンプにやって来たんかい」って話ですもんね。なんの世界でも一応の基礎は必要です。基礎なくして臨めば、必ず人に迷惑をかけることになります。携わる人の資質にかかわらず、物事は動いていきますからね。無常にも。

だけんどもですたい。残念ながら、どうもそんな時代になったみたいですよ。「私の子供、いつになったら箸の使い方が上手になるんですか」と、小学校の先生に文句を言ってくる親がいるそうですからね。いやはや、困ったもんです。大人になりきってない親が、子供を育てていますからね。その親に育てられた子供が、近い将来親になっていくんだもんな。何か、末恐ろしいですな。どっかで止めないと、この流れ。

しかし、だからといって「今の若者は気力がない、やる気がない」とかさんざんに言われちょりますが、本当にそうでしょうかね。歴史から見ても日本人のＤＮＡは、そんなもんじゃありまっせんばい。

　ある若者たちとの会合で、「お釈迦さんの存在を知っておりますか」とたずねたところ、「はい」と答えたのがそこにいた数百人のうち、なんと数人だったんですよ。いささか驚きましたが、しかしその理由をたずねてみると、なるほどごもっともですばい。

「ちょっと言い訳をさせてください。私たちは親が菩提寺に参拝するところを見たことがありません。親がお墓参りに行くところを見たことがありません。元来、親が手を合わせる姿を見たことがないんです。家に仏壇もないし。その環境の中で私たちは育てられたんです。知り得るはずがないじゃないですか」

　いい加減な親からは、いい加減な子供が育ちやすいもんです。どうしても水は、高い所から低い所に流れていきますからな。中にはそんな親を反面教師としてちゃんと育つ子供もおるにはおりますが。こういう信仰の問題に限らんですが、ちゃんとした環境も与えずに、今の若者はどうだのこうだのというのは、ちょっと違うような気がします。たとえば、親が自ら年老いた自分の親を世話する姿を子供に見せておかないで、将来親を世話する子供が育つと思いますか。

心あるもんが、ほんのちょっと扉を叩いてあげるだけで、若者はなんぼでも道を広げていきますばい。数十年前のテレビコマーシャルで、「臭いにおいは、もとから断たなきゃだめ」というコピーがあったでしょ。あれですよ。まずは私たち大人（親）が心を入れ替えなきゃね。それからですばい。若者（わが子）批判をするのは。


人は、「目・耳・鼻・口・心・体」が基軸となって動いております。これを仏教では「六根《ろっこん》」と呼んどります。これにはそれぞれ「好き・嫌い・どちらでもない」がくっついていて、さらにそれぞれに「きれい・汚い」などの相反するものがくっつき、「現在・過去・未来」を支配しとります。さて、これをかけあわせると、「6×3×2×3＝108」となりますが、これがいわゆる「煩悩《ぼんのう》」といわれるものです。年末年始にかけての除夜の鐘は、

「好きじゃ嫌いじゃのこだわりを落として、新たな年こそは、この六根を清浄にして歩んで行きなはれや」

と打ち鳴らしておるんですな。

さあ、「門松は冥土の旅の一里塚」（一休禅師談）です。命には限りがありますばい。まずはこの一年、後悔せぬ歩みを、ですな。

青臭いことを言えるのも、若いうちの特権かな

　ある高校から講演してくれと呼ばれたのを皮切りに、若い人たちとの会話の機会が増えてまいりました。まあ、現代っ子というのは実に面白い。何かと理詰めでやってまいりますからね。下手なことは言えまっせんばい。三十五年前は私たちもそうだったんでしょうけどね。もう忘れてしまってるけど。

　ここではいくつか、若い人からの質問に対して問答したやり取りを紹介いたしましょう。おもろいでっせ。たまげまっせ。大人の責任を感じまっせ。

「私たちは死後の世界なんて信じていません。地獄や極楽なんて、あるとは思っていません。住職はどう思われますか」

「そうだね。私もまだ行ったことがないからね。でも、もしあったらどうするね。死んで、地獄、極楽がもしあったら。そん時はもう間に合わんよ。閻魔さんと対面した時に困らんように、この世におるうちに親孝行しといたらどうね。世の中のために働いとったらどうね。そしたら、もしあの世に閻魔さんがいたとしても別に問題ないでしょ。

浄土宗の法然《ほうねん》さんや浄土真宗の親鸞《しんらん》さんが説いた浄土思想とはこのことだよ。この世で浄土、たとえば円満な家庭なんかを築いた人は、そのままあの世でも浄土じゃないかな。夜寝た布団と同じ布団に朝寝ているようにね、人は自分がしたこと、やったことだけが結果。必ずその清算をさせられるよ、いずれね。それはこの世のことだけなんかいな？　死んだら、本当にちゃらになるんかいな？」

「私たちは霊魂の存在なんてものは信じていません。この体は脳と心臓が動かしているんです。霊魂ではありません。住職は霊魂の存在を信じてますか」

「お前さん方は酷な質問をするなぁ。お寺に参ってこられる方々は、そのほとんどの方が霊魂の存在を信じて、この世に姿があろうがなかろうが、産んで育ててもらった祖父母、父母に感謝の心を手向《たむ》けられよる。その感謝を形に表しているのが先祖供養といわれるものなんだよ。それを受け取るお寺の親分が、『霊魂なんてありゃせんわい』なんてこと言ってみんさい。この方々は何を信じて参ってきたらええの。わしゃ当然、霊魂の存在は信じているよ」

「だったら住職は、霊魂の存在があるという証拠をこの場に出すことができますか」

「そりゃ、できんわな。無理じゃわい。ほんならわしも聞くがの、お前さん方は霊魂がないという証拠をこの場に出せるのかな。どうだい」

「……無理です」

「お互いに証拠が出せんのだったら、相手の主張も認めてあげたらどうかな。霊魂の存在を信じて亡き親へ感謝の心を手向けている人に、霊魂の存在を信じていないお前さんたちが『そんなことやっても意味ないよ』なんて言ったら、相手はどうじゃろね。感謝の心を形にしている側にしてみたら、『大きなお世話。いらんこったい』ということだよね。

人が集まりゃ十人十色、同じ考えを持っている人ばかりじゃないわな。だからこそ人の世界は争いが絶えない。自分が正しいと思っていることが、相手も正しいと思っているとは限らないんだよな、これが。まあ何にせよくさ。問題解決の糸口は、まずは相手の言い分を認めてやることからだね」

「住職さんは、大阪市長の橋下徹さんの政治をどう思いますか」

「正しいかどうかは、のちのち答えが出ると思うよ。ただ、昔から講釈言い、文句言いは動かんと相場が決まってるもんね。動かん人間に限って文句を言うもんな。まあ、文句言いながらでも動く人は、いるにはいるけどね。

たとえば、一反三百坪あっても、一町三千坪あっても、痩《や》せた土地になんぼ種を蒔いたって芽は出らんでしょ。まずは土を肥やさなきゃ。肥やすにしたってね、小さいスコップ持ってきて上品にやったって、らちがあかんでしょ。ツルハシ持ってきて、耕運機持ってきて、なりふり構わずやんなきゃ。

これをやったのが信長さんじゃないのかな。当然恐れられて、嫌われたろうけど。そのあと肥えた土地に種をまいたのが秀吉さん。肥料と水を与えて夏草抜いて、育てたのが家康さん。そのおかげの実りが、江戸二百六十年の安泰じゃないのかな。橋下さんは信長さんの役目にただ徹してるんじゃないの。秀吉役、家康役を担う人材の登場を心待ちにしながらね。あくまでも私の憶測だよ」

「住職は、橋下さん賛成派ですか」

「いやいや、橋下さんに心酔しとるわけじゃないよ。大河ドラマで平清盛をやっとったが、あれは貴族の世界から武士の世界に移行させようと奮闘した話だよね。そのあと鎌倉幕府、室町幕府、戦国時代を経て、江戸幕府と移り変わるがね。その後の明治維新が一番例えやすいかな。あれだけの明治の志士たちがいて、大政奉還、江戸城無血開城という平和路線を主張したのは中岡（慎太郎）さんと、（坂本）龍馬さんだけだったんだよな。日本国内を大戦《おおいくさ》にしたくないとね。

考えてみたら、いつの時代でも世の中を変えてきたのは、または変えるきっかけを作ってきたのは、少数意見側なんだよな。あくまでも歴史資料からの、私の印象だけどね」

「この国の人は、新しい発想をする人や空気を動かす人が嫌いなんですかね」

「どうだろうね。国境を陸地で接していない島国だから、案外にのほほんとしているし、どうしても守りに入る傾向があるみたいだね。今がよけりゃいいじゃんってね。利権がらみの一部の人たちは特にね。

そういや今でこそ、大リーグで活躍する選手をみんなして応援しているけどさ、野茂（英雄）さんが初めて太平洋を渡って行ったときはちょっと気の毒だったよな。日本で育ててもらったのにとか、裏切りだなんて言う人もいてね。それが一年目で結果を出したとたん、野茂すごい、野茂すごいと手のひら返しての応援だもんね」

「大勢の意見に流されやすいんですかね、この国は。良いことでも、悪いことでも」

「そのほうが楽だからね。目立たないし、責任も個人にやってこんしね。お前さんたちももう少ししたらいやでもわかると思うけど、人というもんは全て利潤で動くんだわ。自分にとって都合がいいか悪いかが是非の基準で、あとは程度の問題。まあ、何はともあれ、人は動かないほうが楽に決まっちょる。野茂さんだろうと橋下さんだろうと、その楽なほうを選ばんかった人に、動かん人が文句を言うというのは、はてさてどんなもんかな」

「そんなら、橋下さんの北新地の件はどう思いますか」

「来たか、やっぱり。また酷な質問をしてくるよな、君らは。住職の立場じゃ、女房をほっといて遊ぶなんてけしからんとしか言えんじゃろが。だけど、先方はルール違反かな。二人だけの時のことを明かしちゃうのはね。

でも、橋下さんの奥さんは賢い人だと思うね。ご自分が激怒して見せることでご主人のピンチを助けているんじゃないのかな。世間から怖い奥さんとレッテルを貼られるのを、あえてかぶってね。あれだけ奥さんに怒られてりゃもういいだろと、世間は思うもんね。だけど、家庭内の問題ってのも、いわゆる『定め』かな。やっぱりあるよね。突然やってきて、乗り越えなくちゃならんもの。ん、これは自業自得かい？　まあ、定めであれなんであれ、来たものは受け入れて、動くことだね」

「言いたいこと」と「言うべきこと」は、だいたい真逆じゃね

いやあ、それにしても月日の流れちゃ早いもんですな。不思議なもんで、天命は人それぞれとは思っていながらも、なぜか親が他界した年齢が自分の寿命の目安になってくるんですよな。親は長生きせにゃね、子供の希望までなくなりまっせ。「親父は六十歳で逝っちまった。どうせ俺もそんなもんだろう」とね。世のじいちゃんばあちゃん、子供の希望のために、いばって長生きしなされや。遠慮はいらんですばい。

それにしてもここしばらくは、なぜか子育てに悩む親御さんの相談や、人間関係に悩む看護師さんの相談が多かったですな。

元来子育ての基本というは、それほど時代の差はないように思えるんですが、それで

も今は、育てがたくなったことは否めませんな。私らの時代は親にお金がなかったから、「買って」という言葉がなかなかに言えなかったし、仮にお金があったとしてもくさ、物が豊富になかった時代、「我慢せにゃ」というのが、子供心の根底にありましたもんね。

ところが現在この国は、「経済が悪い悪い」と、口を開くたんびに言ってるけんどくさ、お金を出せば手に入らんものは何もないと言っても過言ではないですよね。子育てをする環境としては、あまり適しているようには思えませんな。しかし、どの家庭も世相の条件は同じですからね。そんな世相環境の中でも、きっちりと子供に我慢をさせて、しっかりと育て上げている親御さんはけっこうおられますからな。

先日もこんな相談がありました。

「息子が十五歳になって、いきなり学校に行かなくなり、夜な夜な遊び回るようになって、親に対する反抗がエスカレートしてきました」

親御さんはどうしていいかわからず、泣いてばかりおりましたが、しかし「オギャー」と生まれていきなり煙草を吸い始める赤ちゃんはいないし、そこらへんの道具を手に取り、突然殴りかかってくる赤ちゃんもいないですよな。結局そういう子に育てたのは、あなた自身でしょと。

そうは言っても、「子供は育てただけしか、育っちょらん。親の責任以外の何ものでもないですぞ」と、頭ごなしに叱り上げたんではどうにもならん。そうなった原因が何かを自分で見つけてもらわんとですな。原因は必ず家庭の中にありますもんね。第三者には到底わからん世界。「ここを探してみたらどうだい」と、坊主は目先を変えるヒントを提供することぐらいしか、してやれることはないもんね。

人は年齢性別に関係なく、人から無視されたり、認められなかったりしたら、自分の存在価値までも否定されているようで、非常に悲しい思いに陥りますよね。子供だったらなおさらですばい。子供自身、自分を一番認めてほしいと思っている相手は、まちがいなくわが親ですもんな。

子供は三歳を越えたころから、「あれは何、これは何」と疑問をぶつけてき始めます。親も初めのうちは丁寧に答えを返しておるばってんが、毎日のことだからつい、いい加減な対応に変わってまいります。六歳、八歳、十歳と子供の疑問は、だんだん切実なものに変わってきておるのに、親はそれに気付かず、相変わらずの対応。目線を子供に合わせず、

「なんだ、そのぐらい」と親に助けを求めておるのに簡単に受け流す。

そりゃ親はくさ、三十年、四十年の体験があるからね、小さい問題じゃと掃き捨てることもできようばってんが、子供は知恵も知識も浅く、経験も少ないから、親が取るに足らんと思う問題でも、子供にとっては重大な問題なんだよな。こうした対応がくりかえされるうちに、「どうせ、親に話したって……」と、親が信用できなくなっていき、徐々に子供は心の扉を閉じていくこととなるんですな。十五歳になっていきなり暴れだしたわけじゃありまっせん。自分が親と対等に戦える体力がついたから、一気に爆発しただけですばい。

人は今現在が幸せで、なんの心配も抱えてないときに限って、「将来の苦となる種」を気づかぬうちにばらまいていることが多い。何をやってもうまくいくと勘違いしているのか、けっこうこの時期にわがままな行いを積み上げていきよります。積み上げたものはいずれ、バランスを失って崩れ落ちていくもんです。いわゆる、家庭内のバブル崩壊ですたいね。

一番わかりやすいのは病気かな。いきなり大病を患う人を見てんさい。自分は健康だからと、毎夜毎夜の暴飲暴食、体力的に無理なことをくりかえし、そのあげくに待っているものが、取り返しのつかぬ病気ですたい。「一病息災」の心が大事とは、こうした意味から生まれてきた言葉ですな。人は順風満帆のときにこそ心に余裕があるんだから、将来を見据えて歩かんと……ですな。その時を迎えて嘆かんようにせんと、ね。

中には、「子供が信用できなくなった」とご自分が育ててきた結果の子供を否定する親がおらっしゃいますが、そうじゃないでしょ。「私にはもう無理」と、親があきらめちゃだめだよね。最後の最後に子供が立ち戻れる場所は、まちがいなく親元しかないんだから。仮に手に負えない十五歳の子供がいたとしても、彼らも悪いことをしながらでも、日一日、それはそれなりに、人間関係に苦労しながら大人に近づいていっております。その子が成長して「俺は、このままでいいのか。立ち直りたい、助けてほしい」と思って振り返った時、以前と変わらぬ親がそこにいたら、その子ははたして、親を頼ろうとしますかね。その時のために、親も頼られる存在に成長しておかないと、ですな。

子育ては「ヤドカリ方式」が一番ですばい。子供はヤドカリと同じ、突きゃあ突くほど中に入っていきよります。そんなら、ほっとってんない、必ず外に出てきよりますから。ただし、その子にとってそこが心安らげる場所ならですよ。親はその場所を確保しておきさえすればいいんです。まわりが全員その子に社会不適合者のレッテルを貼っても、せめて親だけは、子供を信じてあげまっしょうや。

結構よく聞く話ですが、先生は親から逃げ、親は子から逃げ、結局子供だけが置き去り状態……あかんよね。仏の教えに「融通無碍《ゆうずうむげ》」というものがありますが、この世のものはお互いに影響し合いつながっている、というもの。たとえば犬は、ご主人が会社を出て「家に帰ろう」と思った瞬間に玄関に出迎えるげな。不思議なもんで、程度の違いはあれ、多くの犬に報告されているそうですよ。犬も人も、通じ合う心が肝心、ですかな。

看護師さんたちの悩みも、同じようなもんでしたな。病院内での人間関係や、患者さんの家族からの罵声で、精神的にまいってしまっとりました。

しかしですばい。学校に先生がおらんかったら、いったい誰が子供の勉強を見てくれるんですかね。病院にドクターや看護師さんがいなかったら、誰が患者さんの治療をし、心を癒してくれるんですかいな。多少の不満があっても、ある程度妥協しなきゃね。文句を言う前にまず、お世話になっているという心が先でしょう。

あのですな、人の世話をするって、思ってる以上に大変なんですばい。自分の言いたいことばかり主張したらあかんですよ。お互いに反省、反省ですな。

わが子との一瞬一瞬が財産、ひとつひとつが遺産

いつごろだったかな。たけし軍団の水道橋博士《すいどうばしはかせ》さんが最近の、凝りすぎてなんじゃこりゃというものになってしまった子供の名付け、いわゆる子供のキラキラネームについて、激怒されておりましたね。今は亡きやしきたかじんさんの「たかじんＮＯマネー」ちゅうテレビ番組でね。

私も赤ちゃんの名付けをよく頼まれますが、一方的な名付けはせず、親にいくつか候補を考えてきてもらっています。ところがですたい。最近は「これ、なんて読むの」ってのが、ほんとに多い。過去に一度、こんな子が相談に来ましたよ。

「お坊さん、名前って、改名してもいいんですか。まったくうちの親は、私が将来社会に出ることを考えなかったんですかね。名は家を表すでしょ。もう恥ずかしくて」

名づけに限らずですばい、親が将来を見据えずに、その場の感情だけでことを処して、子供が頭を抱えるケースは案外に多いですよ。お墓や仏壇の継承についてもしかり、借金についてもしかり、親族とのつきあいにしても、またしかりです。

いい加減な親からいい加減な子供が育ったんなら問題はないんです。まかりまちがって、いい加減な親からちゃんとした子供が育った場合に問題が起こるんですな、これが。なんでうちの親は、とね。

平成二十四年の七月に、縁あって、西日本テレビの午後の情報番組「タマリバ」に生出演させてもらいました。それがきっかけでその後、収録出演ですが毎週木曜日に一分間ほど同番組に出させていただくという貴重な経験をさせてもらいました。

最初の生放送の出演では、視聴者からのファックスで家族の問題を受けつけたんですが、やっぱり子育ての悩みが多いようですね。

まあなんにせよですたい、子供は育てただけしか育ってませんもんな。オギャーと生まれたら横一線。ゼロからのスタート。ヨーイドンで子育てが始まります。十年経ったら小学四年生になりますが、この時点で子供たちに差が出ています。これは子供の差じゃないもんね。育てた親の差が出ているだけだもんね。「三つ子の魂百まで」でっせ。この差を子供は案外に長く引きずりますばい。親の責任は重大だよ。

「最近、中学生になる子供が反抗期で、口もきいてくれんようになりました」との相談もよく来ます。

前にも書きましたが、子育てはやはり「ヤドカリ方式」ですな。突きゃ突くほど中に入っていくもんですから、逆にほっといてんない、じわじわ外に顔を出してきよりますから。ただし、出てきた場所が子供にとって安らげる場所ならね。親はその場所をただ作っておきさえすればいいんです。成長していく段階として、反抗期は誰にでもありますから。問題は、受け皿のほうですよ。

夫婦の問題も同じですばい。「仕事でもないくせに、夫の帰りが遅い」と愚痴をこぼす奥さん方が多いようですがね、帰ってきてホッとする場所なら帰ってきよりますがな。旦那なんて、いばっておるけどほんまはみんな、かわいい小鳥ちゃんなんだから。ところがそれが、玄関開けた瞬間に鬼の形相で仁王立ち。不平不満をまくしたてて、出てくるご飯が「チン」ばかりじゃ、ね。

まあ、まあ、しかしですばい。やっぱり子育ては難しいよね。特にわが子はね。他人の子は嫌われてもそれほど支障はないばってんが、わが子は先があるからね。私にも子供が三人いますが、特に真ん中の女の子は気を使いますな。どんなタイミングで言いあげちゃろかいなと。タイミングを誤ったら携帯電話に限らず、顔を突き合わせる日常会話までも着信拒否されますからな。

ところがですたい。そのタイミングがやってきたんですわ。大学入学で家を離れることになったからね。本人ルンルン気分だから今がチャンスと、十八年間気になってたとこを突きつけたりましたで。

それがこの「心得九カ条」です。

一、学生の本分をわきまえ、なんのために大学で勉学に励んでおるか常々心に問いかけよ。お金は天から降ってくるものにあらず。身を粉にして働く親の姿を忘るるべからず。
二、仕送りは計画を立てて使え。一カ月は三十一日ある。心の赴くままに使えばなくなることは必定《ひつじょう》。欲におぼれる生活は控えよ。
三、約束の時間は厳守せよ。人を待たせるくらいなら自分が待て。時間にルーズな人間はすべてにおいてルーズになる。人の時間を盗むべからず。
四、服装の乱れは心の乱れにつながる。人生の乱れにもつながる。着飾るよりも心を飾れ。加えて、感情を顔に出すことならず。いついかなる場所でも笑顔を保て。
五、いかに些細《ささい》なことでも、いい加減な心で事に当たるな。これくらいならいいだろう、これくらいなら許されるだろうの行いは、必ず人に迷惑をかけることとなる。
六、人と話をするときには、自分が言われて嫌なことは言うことならず。一度心の中で言葉に出し、確かめてから言うべし。口は災いを生み出すと心得よ。
七、確かめもせずに、この人はこんな人と決めつけるな。人がそう動くからには、そう動くだけの理由が必ずある。理由もなく人が動くことはない。勝手な潜在意識は捨てよ。

八、人の口車に乗ってはならん。特に学生証提示や、署名、捺印する場合は重々考慮せよ。その他、選択事はどんな些細なことでも親に相談せよ。簡単に物事を考えるな。
九、いかなることも、まず自らが率先して動くこと。人は誰しも苦しいこと、つらいことには目を背ける。人の嫌がることをやって、初めて徳が身に着く。人並みは、人並みでしかない。努力もせずに得られるものなど、この世にはただの一つもない。

「私って、こんなに気をつけなきゃいけないことがあったの」

ほう。受け入れおったか。ほとんど賭けだったんだけどね。タイミングがよかったかな。ラッキーだったね。ちなみに娘の名誉のために言うと、この九カ条、今のとこ半分はクリアーしとりますばい。


旧暦の十一月十五日は、一年間で最良の吉日といわれとります。だからこそ、そこに七五三詣でを持ってきたんでしょうな。

子供は授かりものです。授かりものだからこそ、三歳まで、五歳まで、七歳までこのように育てましたと、氏神さんに見せに行っておるんですばい。そして子供としての最後の参詣は、そう、成人式です。その時、その子のその姿を見て「この親に預けて正解だったのかな」と、神さんに思われんようにせにゃならんですわね。

ちなみに、赤ちゃんがお腹に入って五カ月目の戌の日に、腹帯というのを巻きます。犬は安産ということからあやかってるんですね。その腹帯の長さも七五三、七尺五寸三分（約二百五十七センチ）。お腹におるうちから、幸福を願ってのことなんでしょうな、親は。

第五章

出会いは運命、
出会ってからは努力。

これだから若い人と話すのは楽しいもんくさ

最近の若い人は、突然面白いことを言い始めるから、ついていくのに骨を折りますばい。ふりかえってみると、私が高校や大学の時代、昭和六十年前後でしたかな、その世代は、従来とは違った感性や価値観を持った人間だとして「新人類」という言われ方をされておりました。私たちの親たちもわが子の価値観に、当時は面食らっていたんでしょうな。

先日、ある知り合いの学生さんがこんなおもろいことを言ってきよりました。

「おいちゃん、一部の若い人たちが入れ墨を入れているでしょ。服装や髪形は飽きたら変えればすむけど、入れ墨は一度入れたらそうはいかんよね。何年かたてば確実に飽きるとわかっているのに、なんで入れるんだろう、理解に苦しむんだよな。彼女、彼氏の名を入れている人、別れたらどうすんねん」

ふむふむ。まあそうでんな。

「で、ぼくは嫁さんに対しても、同じ考え方なんだよな」

ん？

「十年も経てば、絶対に飽きるべ。だから、結婚するってことにまったく興味がわかないんだけど」

なんじゃ、そこかい。若者が結婚しない理由の一つってことか。

調べたらですばい、最近は二十代〜三十代未婚男性の七割近くが「現在恋人がいない」ということらしいです。しかも彼らの三十％が、なんと交際経験が一度もないと（平成二十三年内閣府「結婚・家族形成に関する調査」より）。この数字を見て、「自分だけじゃなかったんだ」と、変に安心してるげな。

その他、性交渉には興味はないが女性とは交際したいとか、既婚女性の不倫が巷《ちまた》に横行してるだとか。もうこれ以上検索したらカルチャーショックを受けそうなんで、興味のある方はご自分でインターネットで検索して見ておくんなまし。いやはや、びっくらこきましたばい。

ただ、世の若者たちが結婚に踏み切れない原因は、もちろんこれだけじゃないでしょうけどね。「俺についてこい」と男性側が言いたくても言えない世相環境、たとえば経済状況もあるだろうし、自分の親を見て結婚生活の意味に疑問を抱いている人もいるだろうし。特に親の影響は大きいでしょうな。

ところでこれはテレビ情報ではありますが、現在は男性の女性化、女性の男性化が進んでいて、その程度はさまざまですが、勘定の仕方によってはなんと十人に一人が、なんらかのそういった状態にあるとか。この数値にどれほどの信憑性があるかはわかりませんが、話半分としてもすごか数ですばい。精神面の話だからその是非は問うべきではありませんが、「男の子が欲しかったから」と女の子を男の子のように育てたり、その逆をやったりする親のエゴだけは、どうもいただけませんな。「三つ子の魂百まで」と言いまっしゃろ。何かしらの影響が及んでいることは否めないと思いますよ。何より大事は、「育ち」ですからね。

確かに入れ墨は、皮膚呼吸をしておる人間の体にはよくないだろうし、一度入れたら変化もないし、消すのも大変だけんどくさ。それと嫁はんを同等に考えたらあかんですよな。人は刻一刻と変化をしとりますからな。今日の嫁はんと十年後の嫁はんは、確実に違いまっせ。精神面はもとより、見える範囲においてもくさ。いいも悪いもね。というか、いいとか悪いとか、そういうこっちゃないんですばい。

結婚当初はやせておったのに、今では……ってなもんも、そらあんた、旦那はんだって当初はかっこよくて髪の毛もふさふさだったのに、今では禿《は》げっ散らかして、そりゃお互い様でしょうが。自分のことは棚に上げて、「契約違反だ！」と声高らかに主張する人も中にはおろうばってんがくさ、これこそ諸行無常の成せる技、良き味わいってもんですばい。ええじゃないですか、共白髪《ともしらが》。

飽きるっちゅうんは、相手を結婚当時の場所にそのままほったらかしにしてくさ、一人で勝手に歩いてきたから、その良き変化に気付かないだけなんだべ、とその若者に言うちゃりました。すると、

「おいちゃんにとっての結婚のメリットって、なんなの」

とすかさず返しが来よりました。

「メリットというより、この歳になって今一番恐れてるのは、おいちゃんのそばからおばちゃんがいなくなることかな」

そう答えたら、やっと口が止まりました。賢い子なんでね、何かを感じ取ったんでしょうな。


考えたら人の価値観とは面白いもんでんな。

何年か前に東京に仕事で行った時、息子の友人から、「内定をもらっていた企業から、取り消しの通知があったんですよ」と相談。なんとくさ、十二月の段階でですよ。その日は女房殿と六本木にゴッホを見に行く約束をしておったもんで、その後ならよかばいと。三時間ほどして戻ってきたらその子が、「おいちゃん、絵に興味があるの。僕はあんまり絵画には興味がないんだよね」と。

「おいちゃんも興味なんてないよ。でも、どんなもんか一度見てみたくてな」

私が見てみたいと思ったのは、これらの絵そのものではなかったんです。その時は印象派の名画と言われるもんが九十点ほど来てたんですが、それぞれの絵に題名がついてまっしゃろ。『種をまく農夫』とか、『ひまわり』とか。ゴッホには失礼だけどくさ、「だからなんだ」、って感じですわな。被写体なんて、種をまく老人でも、薔薇でも、見るほうにとっては大した意味はないですわ。

ゴッホの在世時、一枚も絵は売れなかったといいますばい。十九世紀の人たちは、ゴッホに価値を見出してなかったのに、今ではなんと一枚数十億円ですばい。どっかの誰かが価値があると、声を上げたからでしょう。わけのわからんまま大衆がそれになびいて、値が高騰していったんとちゃいますやろか。

そんな話をしつつ、

「人の価値観なんてそんなもんだよ。たとえば、秀吉公と千利休さんの関係がまさにそれだろ。ひとつ五百円の壺が、利休さんが五百万円と値をつけただけで、がらくたから黄金に変わる。秀吉公は物の価値を一定にすることが、天下統一の基盤と考えたから、利休さんの存在はその妨げになると踏んだんだべ。それで切腹させたんじゃないのかな。

おいちゃんな、ゴッホの絵を見ていたら、君たちの就職先選びに似ているなと思ったよ。絵の内容そのものにはたしかに興味はないが、その技法には感心させられたばい。要するに、場所なんてどこでもいいんだよ。与えられたその場所で、いかに工夫し、技術を磨き、自分に力をつけていくかが大事。一流企業の中にいても、うだつの上がらん人間はいっぱいおる」

と伝えました。すると彼は、

「……ありがとう。目先を変えてみる」

と答えましたばい。どうやら彼は、「一流大学出は一流企業に就職してこそ」という世間一般の価値観に、判断を鈍らされていたようですな。価値観なんてもんは人それぞれ。参考程度で納めてくさ、自分にとって価値あるものかどうかで判断せんとですな。

いつか吹く風を待つなら、存分に帆を張ってから

最近お寺の近所を檀家参りに歩いておりますと、決まって同じ道で、どう見てもくさ、野良にしか見えないやせ細った同じ黒猫ちゃんに遭遇するんですよね。常日頃はさほど気にも留めてなかったのですが、その朝は公園の草むらの中からかすかに聞こえる、捨てられ子猫ちゃんらしき声を耳にした直後だったので、なぜかその黒猫ちゃんに足を止めて見入っておりました。そしたらふと、悲観の思いが胸をよぎったんですよな。

テレビなんかに出てくる犬や猫は、本人が幸せと思っているかどうかは別として、家の中で飼われ、装飾品や服を身につけさせられ、中にはご飯を与えられすぎてブクブクと肥え、糖尿病にまでなっているもんもおる。私も動物大好き人間ですので、小さいころから犬はもとより、猫、鶏、オウム、インコ、アヒル、カメ等々、親に嘆願してまで飼ってお

りましたが、その飼育方法は、私の感覚ではいたってごくごくノーマルでございました。幼いながらにいつも疑問に思っていたのは、散歩ができないほど体が弱っているのならともかく、犬を乳母車に乗せたり、抱っこして散歩しておられる飼い主のお姿を見かけたときでした。それを見るたびに、「わんちゃんは歩きたかろうに。うんこが出にくくなるばい」と。純毛を身につけているのに、「服は、暑くなかろうか」と。「まいうー」の石塚ちゃんなんか、冬でも暑いと半袖を着てまっしゃろ。

飼い主の顔色をうかがいながらも、人間でいうところのゼイタクな暮らしをさせてもらうほうが幸せなのか、外の大自然の風を浴びながら、ある程度悠々自適に暮らせるほうが幸せなのかと、いらぬ世話の思いばかりを抱いておりましたな。特にわんちゃんは、その目配りを見ておりますと、ほんと飼い主の顔色を気にしておりますもんな。ストレスが相当に溜まっとりゃせんじゃろかと。憶測の範疇《はんちゅう》ですがね。人間の子育てならば、「子供は親の所有物じゃなか、授かりもんばい」と諭《さと》せるのですが、相手がペットですもんね。「おたくにとやかく言われる筋合いはなかばい」と、一喝されたらしまいです。

どの飼われ方が本人にとって一番幸せかどうかは、犬や猫ではないのでわかりかねますが、その幸せ不幸せの基準を人間目線で勝手に決めつけたとしたらくさ、「出会えた飼い主しだい、つまり縁（＝出生時の環境）がすべて」と言うよりほかはないでしょうな。人間とは違って、努力でなんとかなるというものではないでしょ。人は生まれた時点の環境がどうであれ、二十年後の自分の幸せは自分の努力でなんとでもなりますけど、飼われている動物は、そうはいかんですもんな。

「いやいや坊さん。そりゃ、ちゃいまっせ。犬も猫も幸せになる努力はしておりまっせ」という反論の声ありかな。そう言われれば、お手もしますし、待てもしますし、おしっこ、うんこも決まった場所で座りますもんな。生きるためには、ご飯をもらわなくちゃなりませんからね。

人によってはこの純粋な、素直な生き方に負けている人もおりますくらいで。人は誰しもが基本、努力をせんでもご飯が食べられたら、極力楽をして生活をしたいと考えるのが、当然といえば当然でしょう。もちろんすべての人がそうとは言いませんよ。しかし、勤勉の基本はやはり、ハングリーでっしゃろうな。

金剛寺の檀家さんの中には、男兄弟四人ともがそれぞれ会社経営をされている家があります。本人さん達いわく、

「なんにもない田舎の山奥で生まれ育ち、家にいてもご飯が食べられる状況ではない。学校を出たらすぐにでも家を離れて働きたい。貧乏暮しは嫌だ、その一念で今日までがんばってきました」

とのこと。

社長といえば以前、縁あって滋賀県東近江《ひがしおうみ》市での滋賀県倫理法人会経営者モーニングセミナーに呼んでいただき、五十人前後の社長さん方の前で講演をさせていただきました。講演開始はなんと早朝六時ですばい。毎週木曜日に所要時間一時間で催されているこの集まり、この時間なら会社経営に迷惑をかけずに勉強会が開けるからとのこと。いつもの法話でも提供すればと安易に構えていた私は、おっとどっこいに追い込まれました。

講演後会食があって、社長さんひとりひとりとお話をする機会が得られたのですが、その時、何人かの社長さんが同じように、「あること」をしているとおっしゃっていました。

社員が出社する一時間前には会社に足を運び、すべての机を拭いて、掃除をして出迎えてあげるのだそうです。社長がこの姿勢だから、社員の心はいやが上にも引き締まりますわな。まさに、「子供は親の言うとおりには動かない、親のするとおりに動く」ですな。

金剛寺内にも負けず劣らずの社長さんはおられますよ。毎月一日の朝五時と決めて、四十年もの間、ほとんど休まず会社のご祈願に来られています。ただし、祈願内容は事業繁栄ではありません。社員の身体健全、家庭安穏のみでございます。「この会社が成り立っているのは、この子たちが働いてくれているからだ」と。なんともすばらしいですな。

先の倫理法人会講演のご縁は、一人の社長さんがわが地元の福岡は博多に仕事で来らっしゃった時、書店で何気なく私の法話本を手に取り、この住職に会ってみたいとわざわざ北九州に来られたことが始まりでございました。

講演会後、この社長さんがしみじみと三十年前のことを話してくれました。仕事がなくて大変な時期に、縁あって静岡は沼津の社長さんと知り合い、「毎朝六時までに仕事を取りに来るなら、分けてやってもいいぞ」と言われたそうです。行って帰って六百キロの距

離を、二週間。そんな中ある日突然「もう来んでいい」と言われました。落胆したのもつかの間、

「定期便を出してやる」

とのお言葉。その時の喜びはいまだに忘れられないとのことでした。

金剛寺ゆかりの会社にも同じような話があります。ある会社の社長のご子息が、なんの縁もゆかりもない大会社に、飛び込みで「仕事をくれ」と申し込んだそうです。その時たまたまお相手をされた重役さんは、「畑違いの職種だし、無理だろう」と断ったのですが、そこでご縁は尽きませんでした。その重役さんは大会社を退職された現在、数多の引く手を蹴って、この二代目はんの会社で仕事をされています。彼を一人前にすることを今後の仕事にするためということです。

このふたつの話に共通しておるのは、「仕事を取りに来た人のやる気」と、その「やる気を受け入れてくれた人」。人の心を動かすのは最終的には感動ですもんな。よくよく考えたらですばい。その業種のプロフェッショナルと言われている人も、はじめは誰しもがど素人。それを成功させてきたのは、やはり人のやる気でっしゃろ。やる気のある人間は、

経験、未経験に関係なく、どの分野に行ってもそれなりの成果を収めよりますばい。

十年前に交流のあった同僚を、「この人は、こんな人だよ」と、確かめもせずにその当時のままで評価をする人がおりますが、ところがどっこい。十年経てば人は変わります。自分だけが置いていかれとることに気がついていないだけ。未熟だったその人が懸命の努力で、一角の人物になっているというケースは、ほうぼうでけっこう耳にしますばい。

太閤秀吉公は天下人となった時、その秘訣を問われて次のように答えたそうな。

「秘訣などない。ただ一途に、信長公に遅れまいと必死についていっただけだ。殿がお隠れになった時、横を見たら誰も並ぶものがいなかった。ただ、それだけだ」と。

人事を尽くして天命を待つ、でんな。

伴侶《はんりょ》選びの秘訣、教えちゃろかい

わが先代（父親）の晩年時ですが、お彼岸参りなどで各々の家にうかがうと、とにかく甘いものが大好きだった父に、牡丹餅《ぼたもち》やお萩《はぎ》をくさ、家ごとに出してくれるんですよね。

ちなみに、お彼岸の時にお供えする、「牡丹餅」と「お萩」、基本的には同じもんです。ただ、使われている漢字を見てもらったらわかるように、牡丹の時節、つまり春のお彼岸にお供えするのが牡丹餅で、萩の時節、秋の彼岸にお供えするのがお萩ということですな。

「同じもんなら、名前なんて統一すりゃいいじゃん」って声が聞こえてきそうですが、日本にはせっかく四季があるんだから、まあそう言わんと、趣《おもむき》を味わってみるのも変化が感じられていいもんですばい。

で、もちろんお心づかいはありがたいんですよ。しかしこれ、父自身が自分で制御すれば問題はないんだけど、出して下さる方に悪いと思っているのか、ただ単に食の欲にかられるのか、日に二十軒行けば、二十個すべて食べるんですよね、これがですたい。すごおまっしゃろ。

その制御なき食欲でもってくさ、たびたび体調を壊すんでね。そこで私は非常に申し上げにくかったんですが、檀家さん方全家に戒厳令を出したんですわ。「父に甘いものは出さないで下さい。お茶だけで結構ですから」と。ところがですたい。「一個ぐらいならいいじゃないですか。せっかくご住職に食べていただこうと思って作ったんですから」と、まったく聞きいれてくれないので、

「そうですか。一軒においてはわずか一個ですがね。二十軒うかがえば二十個ですばい。住職を病気にしたいんなら、どうぞわが意を貫いたらどうですか。本当の愛情って、いったいなんなんでしょうかね」

と、言い捨てました。当然の結果ですが、当時はめっちゃ嫌われてましたよ。「あの副住職は、何さまのつもりじゃ」とね。

当時、檀家さん方には心配をさせまいと思って隠してたんですが、父は甘いものを食べ

過ぎると胆管が詰まって、心臓が不整脈を起こして大変だったんですよね。それがけっこうひどかったんですよ、寝込むほどにですな。

自分で暴露しとってこんなことを言うのもなんですが、別に父は欲深い人間だったわけじゃありませんよ。ただ、甘いものに目がなかっただけです。病気は口から入りますからね。口養生のできんもんは、必ず何かしらの体調不良を起こします。本人ができんのなら、まわりが気をつけてあげないとですな。

私の女房殿なんかは、父に対して厳しかったですばい。「お父さん。また、棚探ししてるんですか。いい加減にしないと自分がつらい思いをするだけですよ」と、よく怒られてましたな。自分に女の子がいなかったからですかね、女房殿の言うことは百パーセント素直に聞いておりましたな。元来、幼少のころより厳しい父の印象しかありませんでしたから、女房殿とのやりとりは滑稽にしか見えませんでしたばい。人は変わりゃ変わるもんだな、ってね。

さてその女房殿。私たちは銀婚式も越え、もうあと二十年少々で金婚式を迎えますが、願わくば、二人そろって元気に迎えさせてもらいたいと切望しております。

そういえばお寺さんにはよく夫婦のタヌキの置物が置かれてあるのを目にすることがありませんか？　タヌキってですな、なんと一夫一婦制でね、非常に仲良しなんだそうですばい。たとえば、日本で一番車に轢かれる動物はタヌキなんだそうですが、その亡骸《なきがら》がそこにある間、二カ月も三カ月も、連れ合いのタヌキはそこから離れないということです。その夫婦仲を見習うようにと、お寺の境内に置かれておるんですな。タヌキの夫婦に後れを取るな、とね。

私が二十五歳、女房殿が二十一歳の時に結婚をしたんですが、女房殿には考える暇を与えずに話を進めました。女性も年齢を重ねてまいりますと、既婚者の友人の話などから、いらん知恵がついてきますからね。あげくの果てに、「何が悲しゅうて、他人の親に気を使って生活せにゃならんの」とか言いだしますんでね。いやいや、あなたの母親はそれをやって、あなた方を育ててきたんですがね。

他にも、「なんで子供に私の貴重な時間を取られにゃならんの」とか。ほう、自分はさんざん親に時間を取らせて、育ててきてもらったのにですかい。育ててもらった恩は、育てて返すしかないのにね。何万年も昔からの順送りごとですばい。

女房殿は若かったからなんとか丸め込めましたが、大変だったのは義理の父母です。しかし、親の気持ちもわかるんですよな。お寺で生まれ育った娘さんでさえ、他のお寺に嫁いで、そのお寺のしきたりや檀家さんとの付き合いなどから精神的にやられる人が多い、そんな世界です。ましてや女房殿は一般家庭、在家の女性だったですからな。

そう考えたら、現在の皇后陛下や皇太子妃は大変だった、というよりも、今も大変でしょうな。松や柳などの木も、枝葉の先になればなるほど、風当たりが強いですもんね。わけもわからんで、適当に批判するのはやめにせんといかんですばい。どの世界も、トップは孤独でっせ。

さて、私がこの人を女房殿にと選んだ理由はいろいろありますが、決め手はお金の始末です。なんといっても一円、十円を大事にする姿がよかったですね。昔から、「女房は竈《かまど》の灰の下からもらえ」という言葉がおまっしゃろ。つまり、苦労して育った女性は、よか女房殿になるということですばい。

お寺に入って来るお金は、国で言われるところの血税といっしょですからね。宗教法人に税金がかからないのは、家庭内の仕組みといっしょだからですよ。お父さんと成人した子供たちが、働いてきた給料から数万円づつ家に入れて、生活費や光熱費などに充てているでしょ。その出しあったお金は家の収入とみなさず、税金はかからないでしょ。お寺もこの仕組みと同じです。檀家さんたちからのお布施でもって、お寺は維持がなされているんです。

ところがですたい。たまに勘違いをされている住職さんもおられるんですよな。「わしが働いてきたお金じゃ、すべてわしのもんじゃなかとか」とね。違うおまっせ。あくまでも私たち住職は、お寺から給料をもらって生活をさせていただいとるんですばい。だからこそ、血税といっしょの尊いお布施、大事に始末をしてくれる女性を選ばんとですな。

思えば女房殿と知り合う以前、よく同僚の副住職らと、「嫁はんもらうんなら、どげなんがよかや」という話をしておりましたな。その時、異口同音に出てきた言葉が、「寺庭《じてい》さんと呼ぶにふさわしい女性がいいな」でしたな。

お寺の奥さんのことを、所によっては、「坊守《ぼうもり》さん」とか「寺庭さん」とか呼ぶ場合があります。お寺の庭は、それをながめるだけで心が落ち着きまっしゃろ。そういう雰囲気をかもし出している女性ということですわな。

それにあとひとつは、家に帰ったらゆるりとしたいのに、家族団欒《だんらん》を横に置き、木魚を乱れ打ちしてお経さんを張り上げてる女房殿がいてんない。「仕事だけで十分じゃ、もう勘弁してや」、と言いたくなりまっせ。仕事と家庭を引き離したいのは、どの分野の仕事でも一緒じゃないですかな。家庭はやっぱり、安らげる場所でないと……ですな。

我知らず、他人様の「宝」を盗んでおりゃしませんか

「石川や　浜の真砂《まさご》は尽きるとも　世に盗人の種は尽きまじ」

かの有名な安土桃山時代の大盗賊、石川五右衛門の辞世の句として伝えられているものですが、この辞世は見事なもんですな。お釈迦さんの縁起の理法（人間界根本の本性）を、みごとに説き聞かせておるようですばい。

今を去ること四百三十年前、五右衛門は豊臣秀吉公の家来によって捕えられ、京都三条河原で一子とともに油で煮殺されたとのこと。このことについては、確かな資料が残っているのでまちがいないということですばい。お墓は京都市東山区にある浄土宗系単立寺院の大雲院《だいうんいん》とのこと、一度行かれてみてはいかがですかな。私も近々行ってみようかな。

さて、なんで五右衛門さんの話を突然おっ始めたかと言いますとですたい。盗まれたお金はそう大きな額ではなかったんですが、わがお寺にもついに、プロの泥棒さんが来らっしゃったんですよね。それを急に思い出したもんでですな。

なぜプロと断定できたのかと言えばですたい。境内地に大きな人間のうんこが放置されていたからです。

「えっ……うんこがあるからプロの泥棒って、どういう意味ですか」ってですかい。警察の方がおっしゃいますには、昔から泥棒さんのあいだで「犯行前後に盗む家の敷地内にうんこを残していったら捕まらない」という験《げん》かつぎがあるということなんですな。泥棒さんみんながみんなそうするとは限らんらしいですが。

まあ、しかしですばい。「うんこまみれの夢を見たら、お金に縁がある」と昔から言われておりまっしゃろ（一部地域だけですかね？）。だからこの行為は、考えようによっては、「お金を盗んだそのお詫びに、せめて『運』だけでも置いていきましょう」という泥棒さんの良心の上での行動である、と期待したいもんですな。

刑事さんたちの現場検証は、まるでテレビドラマを見ているようでしたばい。室内の明かりを全部消して、懐中電気で照らしながら、這うようにして廊下などを念入りに調べられておられました。侵入経路の確認や指紋採取など、一時間半程度でしたかね。

検証後に侵入を防ぐ方法をたずねましたら、セキュリティーを強化するしかないとのこと。まあそうですが、こんなことでもないと真剣にセキュリティーを考えないもんですな。檀家さんたちには常日頃、「順風満帆な時にこそ、足元を確かめなさい」と、偉そうに説いているのにね。

そういえば、以前見た深作欣二《ふかさくきんじ》監督の映画「仁義なき戦い」の中で、故・菅原文太さん演じる主人公が松方弘樹さん演じる兄貴分に、こんな言葉を言われておられましたな。

「狙われるほうより、狙うほうのが強いんじゃ」

これはまったくもって真理ですな。檀家さんの中にも数年前、購入したばかりの高級車を盗まれたお方がおられましてな。カギのかかるシャッター付きの車庫に入れておいたのに、それも夜中のたった六時間の間にですばい。警察の方が言われるには、こりゃプロの仕事、まず戻ってはこないでしょうな、と。結局、車は戻ってこなかったということです。

仕方ないと言われればそうなんですが、でももし、うちに入られた泥棒さんがこの法話を読まれていたら、今後お寺を狙うのはもうやめておくんなまし。日本にあるほとんどのお寺さんは、見た目は歴史もあるし、立派に見えるかもしれんばってんがくさ、維持するだけでけっこう大変な状態でしてな。中にはその維持のために、私の父（先代）もそうでしたが、ご自分の年金をつぎ込んだり、日常生活を維持するために他の職業についておられる住職も少なからずおらっしゃいます。これもまた、お寺に限らずですがね。

以前、ひょんな縁から奈良県にある薬師寺で総代をされていたおばあちゃんとお話をする機会がありましてな。そのおばあちゃん、

「薬師寺も国宝とは名ばかりでな、国からは一銭の援助もない。当時ご住職をされていた高田好胤《たかだこういん》さんは、わしの知っている限りでは、多額の寄付を申し入れてこられた方々を断り、写経と法話だけで、ボロボロだった薬師寺を再建なされていった。その御苦労は大変なもんじゃったばい」

と、しみじみ語られておられました。

今から三百年ほど昔、とび職から盗人になった、鼠小僧次郎吉というお方がおられます。

時代劇でも取り上げられているから、その名前ぐらいは知ってまっしゃろ。大名屋敷専門に荒らし回り、三十六歳で市中引き回しの上に獄門になった方ですが、捕まる前に妻子を離縁し、親とも縁を切っていたため、天涯孤独の身として刑を受けられたそうです。当時の処罰は家族にも連座制が適用されていたそうですのでね。他人を巻き込まずにすませた点も、「義賊」と称された一因ということですばい。盗人とはいえ、それなりの信念を持ってされていたんでしょうな。狙った場所だけを見てもそう思いますな。ちなみに、次郎吉っつぁんのお墓は、東京は両国の回向院というお寺にあるそうですよ。

さて、泥棒さんといえばですたい。物品を拝借するばかりが泥棒とは限りませんわな。相手を待たせて平気な人は、人の時間を盗むようなもの。心を盗むのも、人の誠意を裏切るのもまた、泥棒と言えば泥棒ですばい。

これから挙げる問題を泥棒あつかいするのは少々いかがなものかとも思いますが、まあ、わかりやすいたとえですので、堪忍して聞いて下さいまし。

以前ベテランの看護師さんから、「給料について、若い人に何か助言を」との相談が

あったんですわ。その方が言うには、

「最近の若者はまず、給料はいくらもらえるか、休みは何日あるか、そんなことを真っ先に問うてきます。私たちの時代には考えられなかったことです。それと、同じ時間働いているのに、給料がこんなに違うのはおかしいと言うんです。仕事上での注意でも、気に入らなかったら反抗して、口もきいてくれません」

とのこと。もちろんそんな若者ばかりじゃないでしょうがね、しかし、すごいですな。どんな家庭で育てられてきたかが、容易に想像できますすばいね。そこで私は、集められた数人の若い看護師さんたちに、こんな話をさせていただきました。

「仮に、夜の夜中、患者さんの容態が突如急変したとしましょうかね。その時病院に、もし万が一、ドクターが不在だったとしたら、あなた方はそれに対応できますかい。できませんやろ。でも経験三十年のベテランさんたちは、あわてずにそれに対応できまっせ。……な、給料の差はここじゃよ。病院に限らず、世の中の社長さんたちが新入社員に毎月のもんを払っているのは、能力を評価しての『給料』じゃないよ。将来会社のため、世の中のために、利益となる人材を育てるため、あなたたち若者に『投資』をしてくれているんだよ。親が子供を育てるのと同じようにね。

なら、もらっている若者側は、どう理解するのが最も正しいんかいな。極端な言い方かもしれんけどくさ、一人前の仕事ができんあいだはみな『給料泥棒』でっせ。謙虚にそう思って働いていけば、より早く給料泥棒の域を脱することができ、人に認められる人材となっていけるんじゃないのかな……わしゃ、そう思うがね」


　先ほどご登場の高田好胤さんですが、若かりしころ、先代管長の橋本《はしもと》凝胤《ぎょういん》さんに、

「寺の外に出て働かなければ、ご飯が食べられません。死にます」

　と詰め寄ると、

「なら、死ね。それで死んでもお前にバチは当らん」

と言い捨てられたとのこと。「二兎を追う者は、一兎をも得ず」ということですかな。

その道のプロになれば、おのずとご飯が食べられるようになりまっせ。

合縁《あいえん》奇縁《きえん》の上手な活かし方

もう十年以上前の話になりますが、こんなことがありました。

名の知れた一流大学に通う、ある大学生がおりましてね。これがまた、感心な子だったんですわ。ご両親ともにそれぞれが仕事を持たれており、どちらかといえば裕福な家庭の子です。ところがこの子、親からの援助をいっさい受けず、下宿代を含む生活費全般と授業料を奨学金と、昼間は飲食店、夜は高級クラブでウエイターのアルバイトをしながらやりくりをしてたんですな。

そんな折のことですばい。この子に不思議なご縁がやってきたんですよ。

そのクラブにある日のこと、大手建設会社の重役さんが来店され、この子がたまたま接客に当たったんですが、その時にこの重役さん、この子に何かを感じ取ったんでしょうか

ね。ここで働いている理由と、履歴をたずねた後、

「来年四年生になったらうちの会社を受けに来い。最終面接までは責任もって引き挙げてやる」

ところが実はこの子、T大学の大学院に行きたいという希望があったもんでね。そこで迷って、拙僧に相談ですすばい。

私は、「せっかくのご縁、受けてみるだけでも、受けてみたらどうだ」と助言しました。蹴るにはもったいない大手の会社だったもんでね。最終的に採用されんかったら、その時には大学院を受ければいい。なんぼよか大学を出ておっても、一人で飯が食えにゃ、家庭のひとつも守れにゃ、屁のつっぱりにもならんですもんな。

この子にも言ったんですが、「縁」というのは実に不可思議なもんなんですばい。

高級クラブっちゅうても、つまりは酒飲み場でっしゃろ。ふつう就職の話が落ちとるはずがないですわ。ところが落ちとるんですから、世の中はどこにどんなご縁が転がっているかわからんもんです。ただし、そんなご縁に出会える人は、そこまで一生懸命生きてき

た人だけみたいですけどね。

この子にしてもそうですばい。中・高時代、人が遊んでるときに一生懸命努力をした結果、一流大学に入った。その大学名がなかったら、おそらくこの重役さんの声はかからんかったでしょうな。さらに親に甘えてバイトもせずに、のほほんと学生生活を送っておったなら、出会いの場所ももらえてませんわな。

この重役さんにしてもそうです。それなりの高給取りじゃなかったら、週に二度も三度も高級クラブなんかに来れますかいな。収入は自分の実力に見合った額しか入ってきませんから。結局努力の結果ですばい。たまたまそんな二人が出会った場所が飲み屋さんだっただけの話です。まさに犬も歩けば棒に当たる。犬も歩かにゃ棒にも当たらんですな。

「いやいやお坊さん、そりゃ偶然だよ」と、そんな声が聞こえてきそうですが、「八宗(南都六宗と真言、天台)の祖」といわれる龍樹《りゅうじゅ》という高僧は、

「この世の中、縁でつながってないものは一つもない、偶然とは人間が作った言葉」

と言わっしゃりましたばい。また、山岡鉄舟という人は、

「縁に出会って縁に気付かず、縁に気付いて縁を生かせず」

と言いよりましたで。考えたらくさ、これは万人に示された平等の教えですわね。苗を植えて、夏草と戦って、水、肥やしを与え、八十八夜の時が過ぎんと米は実りませんもんな。縁は生かしてなんぼ、努力をしただけの実りしか手には入ってきませんばい。

この感心な子のおかげで、私も子育てのヒントがもらえました。

私には三人の子供がおりますが、末の男の子はなぜか親に似ずおとなしく、極度の人見知りで、幼少時は挨拶を交わすことすらもままならんほどでした。そこで私は、親の顔を見て大きい声で挨拶が返せるまで、「聞こえん」と何度も言いかえし続けました。それが功を奏したのか、小学校に上がるまでには、いつの間にかそこそこ人見知りを克服しておりましたな。その子が最近、東京の理科系の大学に入りました。なんのアルバイトしようかと相談気味にたずねてきましたので、

「そうさな、人間の幅を広げたいと思うんなら、自分が不得意とする分野の職種を選んだらどうだ。居心地のいい場所よりも、居心地の悪い場所のほうが得るものは大きいし、新しい発見もありゃせんか」

と、助言しました。しかし、元来持って生まれた性格が性格ですからな。どんなバイトを見つけてくるのかと楽しみにしておりましたら、なんと接客業を決めてきよりましたで。日本橋の高級中華料理店ですわ。

就職問題でお寺へ相談に来る若者に、私は常にこう言っております。

「何もせんうちから、できんと言うことはならんよ。まず動きなはれ。他人ができて自分にできんはずはない。ただそこには、上手、下手があるだけ。その上手、下手も時間が解決してくれる」

一流大学を出ておいて、親の年金を当てにして生活をしておる高学歴ニートをけっこう知っちょりますばい。その親が嘆いている言葉もよく耳にします。「子供の自慢ができたのは、学生時代までだった」と。

つらいよね、この言葉は。聞かされる子供のほうが？　いやいや、親のほうがですよ。

戦国時代、大うつけと評されていた信長公を、敵将である美濃の斎藤道三公だけがその風評をはねのけ、一角《ひとかど》の人物であろうと認めていたという話があります。理由はただ一つ。

「あの勇猛なる織田信秀公が世継ぎと認めた息子じゃ、ただのうつけであるはずがない」とね。そんなふうに人から評価を受けられるなんて、うらやましいですな。

一面識もない人を判断する時には、やっぱりその親か、その子供の姿で判断するしかないですもんな。「この親が育てた子供だもん」「この子供を育てた親だもん」とね。

嫁さんを決める時にもまず、その母親を見てもらえと言いまっしゃろ。まあだいたいは、カエルの子はカエルですがね。

私の学生時代の友人の就職採用試験もまた、おもろいご縁でしたね。数百人の中から最終面接へ進んだ十数人の中に入ったんですが、厳しい面接で、大半を占めていた有名大学出の学生もあきらめていたその中で、友人は「何か、特技は」と問われ、何をとち狂ったか、あぐらをかいて、その状態から逆立ちをして見せよりました。結果は合格。「おもろいやんけ」で採用されたわけではないでしょうが、聞けば面接した重役はんがこの友人の親父さんのことを間接的に知っていて、

「あの人の子なら、ただのバカではなかろう。大バカか大物かのどっちかだ」

と決まったそうです。

ちょっと余談ですが、その友人の親父さん、背は低かったんですが、ハリウッドの名優カーク・ダグラスそっくりで、高校時代に友人の家に遊びに行くと、ソファーに両手広げて足を組み、くわえ煙草でおばちゃんをアゴで指図しよりました。口数も少なかったから、そりゃこわーおましたで。

ところがですたい。退職されて田舎に引きこまれたと聞いたので遊びに行くと、なんとですばい。おばちゃんの後ろをついて回って、「母さん、今度は何を手伝おうか」と手をすりあわせんばかりの姿です。……おいおい、昔の貫禄はいったいどこよ。

「おいちゃん、なんやそれ」

と問うと、

「なんややない。捨てられたらどうするんや。お前もこの年になりゃわかる」

まあ、晩年は、かなりの確率で夫婦の立場は逆転しよりますな。今現在、世のムカついてはるお母ちゃん方、大丈夫、今だけです。楽しみに待っとりなはれ。早々に結論出して、もらえるもんももらえんようになったら馬鹿らしいでっせ。

人生は必ず放物線です。良い事ばかり、悪い事ばかりじゃないよ。「待てば海路の日和もござる」です。

「命の現場」こそが、ご縁が織りなす人生のハイライト

真言宗開祖の弘法大師はんが、「生のはじめに暗く、死の終わりに冥《くら》し」と言わっしゃりましたが、命の初めと終わりだけに限らずですばい、私たちは今現在においても、一分先すら予知することができませんわな。見えているようで、実際には何も見えてないのが私たちです。まさに、「一寸先は暮れの闇」が、この世でござんす。

しかしながらですたい。良きことにしろ悪しきことにしろ、やってきたものの大半は、わが身をふりかえってみた時、その答えが見つかるものばかりだと思いませんか。「そうやろか、天変地異はそれに限らんじゃろ」という声が聞こえてきそうですが……そうでしょうかね。

人間でも暴飲暴食をすれば内臓をおかしくするし、疲労がたまれば精神面も含めて、体

のバランスが狂ってきまっしゃろ。地球もまた一つの命ですからね。体の中で核実験をバンバンやられ、体内の栄養分（石油など）をガンガン抜き取られ、免疫の源（海）を汚され、その源（海）が絶対的に必要とする山や森を次々にはぎとられた日にゃ、自然治癒力も低下し、その結果、病気（地震などの天変地異）が起こっても不思議じゃないですわな。常々理解に苦しむんですが、地球は私たちの大きな家ですばい。自分の家の中で唾を吐き捨て、ゴミをうっちらかしてどないすんねん。結局最後は自分が片付けることになるのに。

自然の理としてくさ、「結果」は、必ずなんらかの「原因」によるものですからね。

結果といえば、私たち夫婦は平成二十五年に、結婚二十五周年の銀婚式を迎えさせてもらいました。四半世紀ですばい。ふりかえってみたらいろいろとありましたな。しかし考えてみたら、女性は根性が座っておりまんな。「女性三界《にょしょうさんがい》に家持たず。生まれた場所で死ねると思うな」と言われるように、結婚を決意するということは大変なこと。実家を捨て、キャリアを捨て、自分の全人生を夫となる人にゆだねるんですからね。女房殿は大事にしてあげないとあきまへん。どこの講演に行っても言っておりますが、「天からもらった最高のプレゼントは、わが女房殿」でっせ。

この二十五年をふりかえってみて、やはり大きな出来事といえば、三人の子供を授かったことですかな。特に長男については、二歳までに三度の命のやり取りがありました。

まずは、妊娠初期に切迫流産になりかけていると診断されたときです。医師からは五分五分と言われました。私はお寺に生まれ、住職という仕事をいただいておりますが、自分のことで願かけをしたことなどほとんど記憶にありません。先代（父）がガンで命の期限を言い渡された時でも、「わしの命請いは仏にするな。人間、死ぬ時は、死ぬ」と父に言われましたもんで、延命祈願はいっさいしておりません。もちろんつらかったですよ。しかし、「親が死んだくらいで、仕事を休むな」と言われた言葉も含めて、これで腹をくくらされましたけどね。

とはいえこの、切迫流産で五分五分と告げられた時には、さすがにお寺の淡島大明神にしがみつきましたばい、一週間もの間。「この子の命を、持っていって下さるな」とね。

以前講演をさせていただいた「生命尊重センター」の資料に載っておりましたが、現在でも中絶をされている命は、年間に二十二万人もおるそうですな。しかも中絶している母親の十人に一人が十代だそうですよ。戦後六十年間の中絶のトータルは、なんと七千五百万人。もしこの子たちが生まれておったなら、今この国は少子化にゃなっとらんわね。もちろんそうするからにはそうするだけの理由が必ずあるんだろうけど、どうも命を粗末にあつかってきたそのツケが、現在の少子化、育児放棄、幼児虐待といった状況を生み出しているような気がするんですがね。

さて、二度目はお産の時です。その日の午後七時に生まれなかったら、母子ともに命の危険が伴うと医師に告げられておりましたが、まさにジャスト、その時間に産声をあげました。それもただ生まれたわけじゃなかったんですばい。

午後六時半、四、五人の看護師さんが雪崩を打って分娩室の中へ。その状況から異常事態だということは容易に読み取れましたが、どうすることもできません。黙して分娩室の入り口を凝視しておりますと……白い僧侶衣を着たお坊さんが、スーッと分娩室の中へ入ってくじゃなかですか。

「えっ……？　おかしいな」

そう思ったその瞬間に「オギャー」ですばい。

単なる幻想、幻覚だろうと思っていたのですが、不思議なことに、女房殿も薄れた意識の中でそのお坊さんが見えていたそうです。これはまあ仏の不思議事というより、夫婦の深い絆が、幻想の共有という形となったんでしょう。その瞬間、お互い同じ心だったということでしょうな。しかし、名医と誉れ高きドクターから、「こんなお産は久しぶりだ」と言われた言葉は衝撃的でしたね。

そして三度目は交通事故です。高速道路上で、十トントラックが私たちの乗っていた車に追突。後部座席で寝ていた長男が泣いたので、助手席の女房殿が抱き抱えた直後でした。後部座席はグッシャグシャ。もしあの時、泣いていなかったら……。運転手さんは脇見運転だったそうです。

人は一生をふりかえってみた時、あの時死んでいてもおかしくなかった、という経験は誰しも一つや二つはありまっしゃろ。しかし実際、今こうして生きております。まさに「今ここに命があるに何不足」ですな。拾った命という表現は少し違うかもしれませんが、そう思って感謝をすれば、これから先の生き方が多少なりとも変わってくるんじゃないですかな。

ささて、こたびも拙文に最後までおつきあいいただきまして、まことにありがとうございました。

この本を手に取っていただいたことも、まさにご縁。この出会いによって、あなたの心に何かあたたかな変化が訪れ、前向きな力が宿るきっかけとなってくれれば、これに勝る喜びはございません。

当山ホームページでも、今後も毎月新しい法話を載せてまいります。引き続きお読みいただければ僥倖に存じます。

皆様に幸多からんことを、北九州の小さなお寺より、お祈りしておりますばい。

本書は天徳山金剛寺ホームページ内「今月の法話」に掲載された文章に加筆・修正したものです。
天徳山金剛寺ホームページ　http://www13.plala.or.jp/kongouji/

あなたがいるから生きられる
小さなお寺の法話集

あなたがいるからいきられる
ちいさなおてらのほうわしゅう

2015年3月13日 第1刷発行

著者
山本英照 やまもと・えいしょう

装幀
福田和雄

本文DTP
小林寛子

編集
中西 庸

編集・発行人
木村健一

発行所
株式会社イースト・プレス
〒101-0051
東京都千代田区神田神保町2-4-7久月神田ビル8F
TEL 03-5213-4700
FAX 03-5213-4701

印刷所
中央精版印刷株式会社

ISBN978-4-7816-1310-9